昆虫地名

当て字と伝説

築根 照英

今井出版

表紙の写真

蟻川	虫祭	蚊口浦
手蝶山	虫明	蝶名林
玉虫野	嫁ヶ島	虫倉山

まえがき

　ギフチョウ（岐阜）、オガサワラシジミ（小笠原）、トウキョウヒメハンミョウ（東京）など地名の付く昆虫種がいますが、虫、虫偏の昆虫の付く地名（昆虫地名）も多くはないがあります。

　民俗学者柳田國男は「地名は二人以上の人の間に共同に使用せらるる符号である」と定義しています。
　昔、文字のない時代に例えば二人が待ち合わせをする場合、時間と場所は必要な情報ですが、場所（地名）は大きな岩のそばとか、滝の下とか目印、ランドマークとなる地形を参考にすることが多かったと考えられます。
　漢字が普及した4～5世紀以降、それまで口伝だった地名に漢字が用いられましたが、その際にいくつかの昆虫地名も生まれた可能性があります。

　昆虫は、小さく、どこにでもいたし、発生に季節性もあるのでもともと（オリジン）の地名にはなり難く、昆虫地名の由来は多くは当て字（転訛）です。
　蜂は鉢・八、蟻は有、蝉は狭、蚊は萱、虫はカラムシ・蒸す・毟るなどのように「音」が同じ昆虫が当て字として使われ、昆虫地名の由来としては、昆虫とは関係のない場合が多いようです。もちろん「蝶ヶ岳」「蟻の首」のように昆虫の形態に由来する地名もあります。
　また、当て字になってから昆虫の文字に触発されて、その昆虫に関わる伝説が生まれ、あたかも昆虫が由来だったと錯覚するケースもあります。
　しかし蛍はホタル狩りをする場所、蚕は養蚕する場所など特定し共通認識しやすいので蛍、蚕の付く地名は当て字が少ないようです。虫送りに関わる地名も同様です。

　子供の頃からの昆虫マニア・旅好きが高じて、令和の時代に入り、退職後のライフワークとして北海道から沖縄県まで300ヶ所程、昆虫地名を訪ねました。本著は一部を除き実際に現地に行き調査、取材した昆虫地名の場所、歴史、由来などについて整理、紹介したものです。

昭和45年（1970年）頃、国鉄（現JR）の「ディスカバー・ジャパン」キャンペーンがあり、学生だった私も主に鈍行列車であちこち旅をしました。
　あれから50年後、あの頃と大きな違いは、駅前の商店街の賑わいが小さくなり、路線バスが少なくなったことです。しかし里山ののどかな風景と地元の人々の親切さは変わらず、あらためて日本の良さを感じることもできました。私にとって昆虫地名の調査は日本再発見の旅でもありました。

目　次

まえがき ……………………………………………………………… 3

チョウ目	蝶	7
	蛾	13
	蚕	16
コウチュウ目	玉虫	31
	蛍	34
トンボ目	蜻蛉	48
バッタ目	蟋蟀、螻蛄	52
	鈴虫、松虫	55
カマキリ目	蟷螂	57
カメムシ目	蝉	60
ハチ目	蜂	67
	蟻	78
ハエ目	蚊、蚋	87
	虻、蠅	99
虫		105

表1　その他（本文に記載のない）昆虫地名 ……… 127
表2　昆虫地名　当て字と昆虫由来 ……………… 129
表3　昆虫地名と地形 ……………………………… 131
表4　明治時代の昆虫地名の村 …………………… 133

参考文献 ……………………………………………………………… 134

あとがき ……………………………………………………………… 139

チョウ目

　チョウ（蝶）とガ（蛾）はチョウ目（鱗翅目）ですが、チョウ目のうちアゲハチョウ上科、セセリチョウ上科、シャクガモドキ上科がチョウ類に分類されます。チョウとガを区別しない国もあります。

　チョウ目全体としては世界では約160,000種、日本では約6,000種がいますが、このうちチョウ類は世界では約20,000種、日本では240種がいます。

　蝶は音読みで「チョウ、テフ」です。漢字の蝶は、虫偏に「枼」で、葉と同じ意味があります。木の葉のような虫です。古語の「かわひらこ」は川辺をひらひら飛ぶ意のようです。

　「荘子」斉物論の中に「胡蝶の夢」があります。「昔、私（荘周）は夢の中で蝶となった。ひらひらと飛ぶうちに楽しさのあまり自分が荘周であることなど忘れてしまう。はっと目覚めると荘周になっていた。荘周が夢の中で蝶になったのか？　実は自分は蝶で今夢の中で荘周となったのか？　どちらが本当なのだろうか？」

　チョウそのものに由来する地名もありますが、「長」「経」などの当て字になったケースがあります。

蝶々深山

　長野県諏訪市にある蝶々深山（1,836m）は、霧ヶ峰を構成する草原状のなだらかな山容です。蝶々深山は江戸時代から「てふてふ深山」と呼ばれていました。

　蝶に似た岩が由来のようですが、その岩は見つからず定かではありません。

　もう60年以上も前のことです。小学6年生の夏休み、昆虫クラブの先生が級友と私を霧ヶ峰に昆虫採集に連れて行ってくれました。たおやかな山並み、真っ青な空、真っ白な入道雲、ゆれるニッコウキスゲ、今でも鮮明に覚えています。

　「蝶々深山」の名前は、昆虫少年にとって心ときめくものでしたが頂上には石がゴロゴロしておりあまり蝶がいなかったので期待はずれの記憶があります。

蝶々深山

蝶々深山頂上

手蝶山

　熊本県上益城郡甲佐町と下益城郡美里町の境に手蝶山（390m）があります。

　手蝶山の由来は、「手をたたくと蝶が寄ってくるから」「左右に延びる稜線が横手にひらひら飛ぶ蝶の形に見えるから」などの説があります。

　野口雨情作詞の地元民謡では「手蝶山からナ手蝶山から蝶々でさえも　ソレよいよい　よいとせのせ　手拍子幕ふて飛んでくるサテ飛んでくる」と唄われています。

手蝶山

　また民話として「手蝶山物語」があります。

　「昔むかし、言い伝えを聞いた若者が山の上で手をたたくとたくさんの蝶とともにきれいな娘が現れました。ふたりは恋仲となり山で暮らしはじめたが、しばらくして若者はいったん家に帰ると言って山を下りました。娘は川の岩の上でずっと待ち続けますがついに若者は戻らず、娘は岩になってしまいました。村人はその岩をお蝶岩と名付けました」お蝶岩は現在も麓の東寒野集落にあります。

蝶ヶ岳

　北アルプス南部の蝶ヶ岳（2,677m）は、長野県松本市と安曇野市にまたがっています。

　正保年間（1644～48年）の絵図にも蝶ヶ岳の山名が見えます。

　気象や天気予報の技術が進んでいなかった時代、山麓に住む村人は、山の残雪模様（雪形）を見て田植えや種まきなどの農作業の目安にしていました。

　雪形は、全国では300程あると言われていますが長野県と新潟県に多くあるようです。北アルプスの雪形は、常念坊（常念岳）、種まき爺さん（爺ヶ岳）、代掻き馬（白馬岳）が有名ですが、蝶ヶ岳の雪形は蝶の姿に由来しています。アゲハチョウ科の蝶か蛾のオオミズアオのようにも見えます。雪形には、残雪の白が形を作るポジ型と、雪の解けた岩肌の黒が形を作るネガ型の2種類があります。長野県では圧倒的にネガ型が多いのですが、蝶ヶ岳の雪形はポジ型です。

　蝶の雪形が安曇野市などからはっきり見えるのは、ポジ型なので常念坊や種まき爺さんより遅く残雪が大分消えた6月に入ってからです。

蝶ヶ岳の雪形

オオミズアオ

蝶ヶ森

　盛岡駅の南東に岩手県盛岡市東安庭蝶ヶ森があります。西には北上川が流れています。りんご園の中を20分程歩くと蝶ヶ森山（225m）の頂上展望台に着きます。眼下に盛岡市街が見えるはずですが、現在は樹木が生い茂り眺望はよくありません。

　昔、お経を埋めた経塚があった所が経ヶ森と呼ばれ、蝶ヶ森に転訛したと言われています。森にはもともと山の意味もあります。

蝶ヶ森付近の地図

蝶ヶ森山頂上

蝶ヶ野

　伊豆急下田駅の西に静岡県賀茂郡南伊豆町蝶ヶ野があります。二条川沿いの静かな集落です。

　江戸時代から明治22年（1889年）まで蝶ヶ野村、その後合併し三坂村、昭和30年（1955年）南伊豆町になりました。

　蝶ヶ野の由来については、地元の話として『字から判断すると昆虫の蝶を連想しますが、昔の記録では「長ヶ野」という呼び名が多いので、長く伸びた所と考えた方がいいでしょう』とあります。

　川沿いの細長い谷あいの集落ですが、蝶は長の当て字のようです。

蝶ケ野バス停

コラム　蝶紋

　静岡県藤枝市に3年に一度10月上旬に開催される「藤枝大祭り」があります。

　江戸時代、田中城の鬼門を守る青山八幡宮の大祭に藤枝宿の屋台が神輿披露の行列に付き従ったのが始まりですが廃藩置県後、明治7年（1874年）からは藤枝宿の総社飽波神社の大祭となりました。

　現在藤枝大祭りには14町（区）の屋台がくりだし長唄、地踊り（手踊り）を披露します。

　各町はそれぞれ町印を持ちますが、そのひとつ長楽寺区の町印は蝶紋「備前蝶」です。長楽寺の「長」を「蝶」で表したものです。

　家紋の中でも蝶紋は特に武家に好まれ100種程ありますが「揚羽蝶」は平家一門や織田信長が使っていました。

　晩年大御所となった徳川家康は慶長12年（1607年）、江戸から駿府城に移りましたが、鷹狩のため度々田中城に立ち寄ったようです。

藤枝大祭り

備前蝶

蝶名林

　信越本線東三条駅の南東に新潟県三条市蝶名林(ちょうなばやし)があります。山間に水田と小さな集落があるのどかな山里です。集落の中程には蝶名林営農研修センターがあります。

　江戸時代から明治22年（1889年）まで蝶名林村、その後合併し外谷村、鹿峠村、下田村を経て平成17年（2005年）三条市になりました。

　地元の話として「五十嵐川右岸に位置する。かつては貴人に従って来た雲上人の住んでいた土地で、そのみやびな風俗が林の中に蝶の舞い遊ぶようなので、蝶名林と名付けた」とあります。

蝶名林付近の地図

　蝶名林という「桃源郷」のような響きは、心ときめきます。昔、みやびな人たちが暮らしていたのか、あるいはたくさんの蝶が舞う姿を見てみやびな暮らしを想像したのかもしれません。オリジンは別にあり、当て字になってから伝説が生まれた可能性もありますが、詮索せずこのままがいいと思います。

蝶名林付近

蝶名林バス停

蝶多

　根室本線池田駅の北西に北海道中川郡池田町字千代田があります。鮭が遡上する千代田堰堤が有名で、北側は低山地、南側に十勝川が流れています。

　明治初年から明治39年（1906年）まで蝶多村でした。その後合併し凋寒村大字蝶多村となりましたが、大正12年（1923年）河合村大字千代田村となり大正15年（1926年）池田町字千代田になりました。

　この地はもともとアイヌ語でchie ota（チエオタ）と呼ばれ「我ら、食する、砂場」の意味があるそうです。チエオタの当て字として蝶多が使われましたが縁起のよい千代田

村に改名したようです。

　新オシタップ川に架かる道道73号（帯広浦幌線）の橋の名前は、蝶田橋（ちょうだ）となっています。近くのパターゴルフ場名は「蝶多」となっています。

蝶田橋

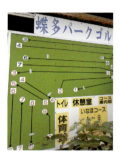
蝶多パターゴルフ場

蝶屋

　北陸本線美川駅の北東、石川県白山市美川に蝶屋地区があります。

　鎌倉時代から南北朝時代は朝屋、江戸時代から明治22年（1889年）は長屋村、明治22年、長屋など9村が合併し蝶屋村となりました。昭和29年（1954年）には美川町、湊村と合併し美川町になり、さらに平成17年（2005年）白山市美川町となりました。

　現在蝶屋の住所表示はありませんが、蝶屋踏切、蝶屋小学校、蝶屋公民館等にその名が残っています。朝屋、長屋が蝶屋に転訛したと考えられています。

蝶屋踏切

蝶屋小学校前バス停

チョウ目

　ガ（蛾）とチョウ（蝶）は分類上は同じチョウ目です。チョウ目のうち多くはガ類で世界では約140,000種、日本では約5,800種がいます。

　ガ類の多くは夜行性ですが昼間に飛び回るものもいます。ガとチョウを区別しない国もあり、フランスではチョウはPapillon、ガはPapillon de nuit（夜の蝶）です。

　蛾は音読みで「ガ」です。漢字の蛾は虫編に「我」ですが、我はギザギザの刃物の意味があります。ガの触角は棍棒状のチョウとは違いギザギザしている種が多いからとの説があります。

　古語では「ひひる」と呼ばれましたが、翅をひらひらさせる、灯を消すから等の説があります。

蛾眉橋

　羽越本線鶴岡駅から県道333号線（旧国道7号線）を北上すると蛾眉橋（がびきょう）があります。赤川にかかる水色に塗装されたアーチ型の美しい橋です。橋の手前は秋田県鶴岡市文下、橋を渡ると東田川郡三川町横田です。

　蛾眉とは、ガ、一説にはカイコガの触覚のような三日月の弧を描いた眉のことで、転じて美人の意味があります。

　唐の詩人、白楽天（772－846）の長恨歌の一節に「宛転蛾眉馬前死」があります。宛転とは、緩やかな曲線のことで宛転蛾眉は絶世の美女、楊貴妃のことです。

　蛾眉橋の初代は木橋で明治6年（1873年）に架橋されましたが、中央が低く人の左右の眉にように見えたので眉橋（まゆばし）とも呼ばれました。また峨眉橋、娥眉橋とも書かれました。

　現在の蛾眉橋は昭和12年（1937年）にできた4代目で全長308m、3山型の鉄筋コンクリート橋です。

蛾眉橋

カイコガ♂触角

蛾眉野町

　函館駅前より函館バスで東に1時間程、亀田半島の中程の山間部に北海道函館市蛾眉野町（がびのちょう）があります。

　近くに温川が流れ道道41号線（函館恵山線）沿いの静かな集落です。

　地名の由来は、この付近に雁皮（白樺）の林が沢山あったので、雁皮の多い野、雁皮野が蛾眉野に転訛したと言われています。

蛾眉野バス停

蛾ヶ岳

　甲府盆地の南、山梨県西八代郡市川三郷町に蛾ヶ岳（ひるがたけ）（1,279m）があります。

　四尾連湖近くの登山口からゆっくり歩いて1時間半程で頂上に着きますが、山頂からの眺望は素晴らしく南には富士山、西には南アルプス北岳、間ノ岳、北には八ヶ岳、眼下には甲府市街が広がります。

　由来については諸説があります。

　「武田家の要害山城より南望すると午頃が真南にあたっているので、昼ケ岳と呼ぶようになった」

　「この山に蛭が多かったので、ひるがたけと言われた」

　「山の形状が中国の三大霊山の峨眉山に似ているので名づけられた」

　何故「ひるがたけ」を蛾ヶ岳としたのかは不明です。

蛾ヶ岳から見た富士山

蛾ヶ岳頂上

蛾虫坂

　弘南鉄道弘南線黒石駅の南東に青森県黒石市温湯字蛾虫下(がむしした)があります。

　大正13年（1924年）に浅瀬石川の河畔の県道ができるまでは温湯温泉から中野、板留方面に行くには七面山（蛾虫山）の急坂を越えなければなりませんでした。

　この山道は、今は廃道ですが、戦国時代からあり蛾虫坂と呼ばれていました。峠からの景色はよく茶店もあり名所でした。

　蛾虫はアイヌ語のカムイ（熊）、ウシ（多い）に由来するとの説があります。

蛾虫坂付近の地図

蛾虫山付近

俄虫

　北海道新幹線新函館北斗駅から江差ターミナル行バスで50分程に北海道檜山郡厚沢部町があります。

　街の中心部は、江戸時代から明治39年（1906年）まで俄虫(がむし)村でした。その後合併し厚沢部村、昭和38年（1963年）厚沢部町になりました。

　街の南西には俄虫橋があり、安野呂川沿いに俄虫温泉があります。

　熊の多かった所で、アイヌ語のカムイウシを、俄(が)と虫で当て字にしたようです。

俄虫橋付近の地図

俄虫橋

チョウ目

　カイコ（蚕）はチョウ目カイコガ科カイコガ属で和名はカイコガ（学名*Bombyx mori*）です。蚕はカイコガの幼虫を指す場合もあります。カイコガは野生のクワコ（*Bombyx mandarina*）を絹の生産（養蚕）のために古代中国で家畜化したものとする説が有力です。人間の管理のない野外では生きていけません。

　蚕は音読みで「サン」、訓読みで「かいこ」です。日本にカイコが伝わった頃は、単に「こ」と呼ばれていましたが、奈良時代の頃から「飼う蚕（こ）」になりました。

　日本では古代より養蚕は広く行われていましたが、蚕の付く地名は桑の付く地名と比較するとそれほど多くはありません。桑畑は可視的ですが蚕の飼育は屋内の作業だからかもしれません。

　明治時代から昭和時代初期の生糸（絹糸）は総輸出額の40～70％を占め、現代で言うと自動車や電子部品のような花形製品でした。昭和4年（1929年）の日本の養蚕農家は221万戸に達していましたが、化学繊維の台頭等により令和5年（2023年）ではわずか146戸と激減しました。

蚕養

　磐越西線会津若松駅の南東、飯盛山に向かう白虎通りに福島県会津若松市蚕養町（こがい）があります。

　地名は弘仁2年（811年）に創建された養蚕守護の蚕養国神社（こがいくに）に由来します。主祭神は保食大神（うけもののおおかみ）、稚産霊大神（わくむすびのおおかみ）、天照大御神（あまてらすおおみかみ）です。

　江戸時代から明治10年（1877年）まで蚕養宮村、上蚕養村を経て、明治22年（1889年）に蚕養村になりましたが、その後合併し一箕村、若松市、昭和30年（1955年）会津若松市となりました。

蚕養国神社

蚕養町バス停

　福島県耶麻郡猪苗代町の蚕養（こがい）には、会津若松市の蚕養国神社の末社の蚕養神社があり、地名の由来となっています。

蚕桑

　羽越本線遊佐駅の東、月光川沿いの山形県飽海郡遊佐町吉出に**蚕桑集落**があります。

　江戸時代は蚕桑地村でしたが明治22年（1889年）遊佐村となり、昭和16年（1941年）遊佐町になりました。

　開拓地として庄内藩士白井弥平により文政２年（1819年）養蚕館（養蚕長屋）が建てられ養蚕が始まり蚕桑と呼ばれるようになりました。養蚕館は桁行50間（約90m）梁間７～８間（約13～14m）３階造りと大きなもので、31町５反（約31.5ha）の桑畑がありました。

蚕桑バス停（遊佐町）

　山形鉄道フラワー長井線に**蚕桑駅**があります。

　明治22年（1889年）山口村、高玉村、横田尻村が合併し蚕桑村ができましたが、昭和29年（1954年）合併し山形県置賜郡白鷹町になりました。蚕桑小学校、蚕桑郵便局もあります。白鷹町一帯は江戸初期より養蚕が盛んで平成25年（2013年）まで養蚕農家がありました。

蚕桑駅（白鷹町）

蚕飼

　関東鉄道常総線下妻駅の南東、茨城県下妻市大園木付近に**蚕飼村**がありました。

　地名の由来は東に流れる小貝川と養蚕が盛んであったためです。明治22年（1889年）に蚕飼村となりましたが、昭和30年（1955年）千代川村、平成18年（2006年）下妻市になりました。明治時代に開校した蚕飼小学校は統合廃校となりましたが現在も校舎等が残されています。

蚕飼小学校跡（下妻市）

　宮城県登米市東和町米川に**蚕飼山**（418m）があります。旧米川村は養蚕が盛んでしたが宝暦８年（1758年）信州上田の養蚕家が来村し山麓の山桑で蚕を飼ったところ豊産となったため山の頂上に蚕神を祀ったことに由来します。

養蚕

秋田県能代市養蚕(ようさん)、養蚕脇(ようざんわき)は、五能線能代駅と東能代駅の中ほどにあり東側を米代川が流れています。現在このあたりは果樹園、住宅地となっていますが江戸時代初期に開墾され養蚕が奨励されていました。

明治9年（1876年）まで機織村、その後合併し榊村、昭和15年（1940年）能代市になりました。

機織村の由来について伝説があります。

『東能代駅の北に小友沼があり、昔、豊姫という美しい姫が機を織って沼のほとりに干していました。この布が米代川を行く船の目印になっていました。多くの若者から求婚されましたが断り続け、ある日、姫は「私は月の世界の者なのです。罪をおかしたため、下界に降りて千枚の布を織って償いをすれば、月に戻れるのです。最後の布を今宵織り上げましたのでまもなく迎えがまいりましょう」と告げ、迎えの雲に乗って羽衣をひるがえし天に昇ってしまいました』

養蚕バス停（能代市）

水戸線下館駅の南東、茨城県筑西市の中央部に養蚕村(こかい)がありました。

明治22年（1889年）近隣の10村が合併し養蚕村となりましたが、昭和29年（1954年）に合併し下館町、下館市、平成17年（2005年）筑西市になりました。養蚕村はピーク時は人口4,000人程の大きな村でした。

地名は養蚕が盛んであったこと、近くに小貝川(こかい)が流れていたことに由来しています。小貝川は蚕養川、蚕飼川、子飼川とも書かれたようです。現在、養蚕橋、養蚕公民館、養蚕小学校にその名を残しています。

養蚕公民館（筑西市）

秋田県雄勝郡羽後町睦合字頭塚、雄物川と西馬音内川の合流点近くに養蚕集落(ようさん)があります。江戸時代に河川敷に桑を植え養蚕が始まりました。「養蚕は大切なことであるが、田畑などに障りがないように飼いおくこと。桑は川原、畑、山に植えて養蚕すること」と村の掟があり稲作が優先で水田ができる場所に桑を植えることは禁止されていました。昭和40年代以降、養蚕は行われなくなりました。

蚕影町

　養蚕が盛んだった地域、山形県鶴岡市、福島県伊達市・梁川町、埼玉県熊谷市・深谷市、富山市八尾町、長野県上田市、愛知県豊橋市、京都府綾部市は「蚕都」と呼ばれていました。長野県岡谷市は「糸都」、東京都八王子市は「桑都」と呼ばれていました。

　蚕都上田に蚕影町(こかげ)がありました。明治22年（1889年）に上田停車場（上田駅）が完成し、明治27年（1894年）頃、駅前から南東の権現橋までが蚕影町と命名されました。停車場になる前に桑畑の中にあった蚕影神社に由来したと言われています。昭和6年（1931年）の上田駅付近の地図を見ると、駅の南側一帯が桑畑（緑色）だったことがわかります。

　権現橋の先には、常田製糸場や小県蚕業学校（現上田東高校）、上田蚕糸専門学校（現信州大学繊維学部）などがあって、蚕影町の通りは「蚕の道（シルクロード）」と呼ばれ賑わいましたが、昭和46年（1971年）上田市天神1丁目になりました。

　上田は、養蚕のうち特に蚕種製造販売が盛んでした。蚕種製造とは養蚕用の蚕の種（卵）を採ることです。元禄年間（1688～1704年）に茨城県の結城地方から始まり、その後福島県の伊達、信夫地方が本場となりましたが、天保年間（1830～1843年）には、上田地方が日本一の本場となりました。

　上田地方の中でも塩尻村の桑園は、特上の歩桑(ぶくわ)桑園と呼ばれていました。歩桑とは発蛾の歩合が高い桑葉のことです。カイコの天敵のカイコノウジバエは桑の葉に産卵し、カイコの幼虫がその葉を食べることによりウジバエを体内に取り込み寄生されますが、塩尻村を流れる千曲川は風が強くウジバエが産卵しにくく良質の桑葉が採れました。

昭和6年上田駅付近の地図（上田古地図帳、一部加工）

蚕影神社（つくば市）

　つくばエクスプレスつくば駅の北、筑波山の南、茨城県つくば市神郡に蚕影神社があります。別称は蚕影山神社、各地にある蚕影神社の総本社です。

　万葉集に「筑波嶺の　新桑繭の衣はあれど　君がみ衣しし　あやに着欲も」とあるように、筑波山付近は古くから養蚕が行われていました。

　蚕影山の由来は、筑波山から見ると神社のある山の姿が蚕が這っているように見えたとの説があります。

　境内の案内板に蚕影神社の縁起である金色姫伝説について書かれています。

　『天竺旧仲国の姫君金色姫は四度の受難の後、滄波万里をしのぎこの地に着き、権太夫夫妻に掌中の玉と愛された。しかし、病に罹り終に露と消えた。ある夜夫妻の夢に「我に食を与えよ、必ず恩返しをする」と告げ、夫婦が夜明けに亡がらを納めた唐櫃を開ければ中は小蟲ばかりで、桑の葉を与えると獅子、鷹、船、庭と四度の休眠を経て繭となった。筑波山の神が影道仙人として現れ、繭を練り錦として糸を取る事を教えられた、これ日本の養蚕の始めである』

　金色姫伝説は御伽草子の「戒言」（永禄元年1558年）に登場します。延宝元年（1673年）から延亨4年（1747年）の間に創建されたとみられる蚕影神社の別当桑林寺がもともとあった蚕影神と金色姫伝説を一体化し、蚕の化身である金色姫を蚕神（蚕影大権現、蚕影大明神）として、蚕影神社の縁起として熱心な布教を行いました。

　養蚕関係の寺社は多数ありますが、蚕影神社の名称のあるもの、関わりのあるものは関東、甲信地域を中心に400ヶ所以上が確認されています。

　茨城県内にある蚕養神社（日立市）、蚕霊神社（神栖市）は蚕影神社（つくば市）とともに常陸三蚕神社と呼ばれ蚕神信仰に強い影響力がありましたが、それぞれに金色姫伝説が伝わっています。

蚕影神社（つくば市）

金色姫（シルク民俗研究会作成）

虫歌山桑台院

長野市松代町から県道35号線（長野真田線）を進むと舞鶴山の北麓に信濃三十三観音札所の七番札所の虫歌山桑台院（虫歌観音）があります。

この付近は、養蚕の盛んな地域で虫歌観音は養蚕守護の信仰を集めていたようです。

地元の方々が作成した立派な看板があります。

虫歌山桑台院

「松代の町はずれ平林村で、養蚕を仕事にしていた若者がいた。ある日別所や布引の観音様にお参りしたあと地蔵峠にさしかかると眼下の平林村から悲鳴にも似たうめき声が聞こえてきた。それは庭先に干してある繭の中の蛹からの苦しみの声であった。若者は自分たちの生計を潤してくれる蚕の蛹の霊を慰めようと近くの山腹に観音様を安置した。のちに虫歌観音と呼ばれ、養蚕家の人たちがこぞって訪れて養蚕守護の観音堂として栄えた」

蚕の社

京福電鉄嵐山本線蚕の社駅の北、京都市右京区太秦森ヶ東町に木嶋坐天照御魂神社があります。別称は「蚕の社」です。

「蚕の社」は本殿の右横にある養蚕神社に因んでいます。創建年は不明ですが、神社の「由緒書」によれば、古墳時代にこの辺りへ朝鮮半島から渡来し、製陶、養蚕、機織にすぐれた技術を持っていた秦氏が、元来この地の土着神を養蚕の神としたとのことです。

養蚕神社

蚕の社駅

忌宮神社

　山陽本線長府駅の南西、山口県下関市長府宮の内町に忌宮神社があります。この地は仲哀天皇が熊襲の平定のため西下した西暦193～200年頃に滞在した仮の皇居「豊浦宮」の跡と言われています。

　境内には「蚕種渡来の地記念碑」があります。碑文には「……三大実録によれば仲哀天皇即位4年（西暦195年）に秦の始皇11代の孫功満王が渡来して日本に住みつき珍しい宝物である蚕の卵を奉献したと云う、是れ異国の蚕が我が国に渡来したことを証明する文献であって……」とあります。

蚕種渡来の地記念碑

　この碑は昭和8年（1933年）に大日本蚕糸会山口支会等により建立されましたが、高さ約6.3m、重さ約37トンの巨大な自然石です。

蚕霊山

　愛知県豊田市北部の日面町に蚕霊山（434m）があります。頂上には村民から「こだまさん」と呼ばれ親しまれてきた蚕霊神社があります。

　江戸時代には御嶽山の遥拝所でしたが、この地の養蚕の隆盛を祈願するため明治24年（1891年）伊勢神宮外宮（豊受大神宮）より大気都比売神の分霊を受けて「蚕霊教会所」になりました。現在も春、秋の例大祭では蚕供養を行っています。

蚕霊神社

　豊田市の猿投山の北東、豊田市折平町に蚕玉山（221m）があります。頂上には明治時代初期に建てられた祠（蚕玉祭神殿）があります。養蚕が盛んになるにつれ信仰者が多くなり、旧暦の8月22日には村民は盛大な祭りを行いました。

　長野県松本市と岐阜県高山市にまたがる乗鞍岳主峰「剣が峰」の手前に蚕玉岳（2,979m）があります。頂上にある蚕玉神社（石碑）が山名の由来と思われます。だいぶ調べましたが詳しいことはわかりませんでした。

蚕種石

　中央本線上野原駅の西、神奈川県上野原市八ッ沢の東京電力の発電所の上部東側に**蚕種石**神社があります。祠の後方にある蚕種石の苔が緑色になるのを見て掃き立て（孵化幼虫に給桑すること）を始めました。天保7年（1836年）より毎年4月上旬頃に養蚕の繁栄と無病息災を願って神事が行われ夕刻より参道に百八の炬火が灯されます。

　中央本線初狩駅の南、山梨県大月市初狩町下初狩の都留市につながる山道に「初狩の不思議石」の一つ**蚕種石**があります。5月中旬、灰色の大石が緑色になるので近所の養蚕農家はこれを見て掃き立ての準備をしたそうです。

　横浜線相原駅の東、東京都町田市相原に**蚕種石**（小字）があります。この一帯は養蚕の盛んな地域で、蚕種石谷戸と呼ばれていました。丘陵の麓に、地名の由来となった長さ1.2m幅0.5m程の蚕種石があります。八十八夜が近づくと苔で緑色に変色するので養蚕農家はこれを見て蚕の掃き立ての準備をしました。

　神奈川県厚木市と愛甲郡清川村の境、華厳山と高取山の間のオオダルミに**蚕種石**があります。清川村側には煤ケ谷字蚕種石の地名もあります。

　江戸時代から知られ、石の表面はザラザラして蚕種のようで4月下旬頃になると青色になると言われていました。似たような石があったことから所在が不明でしたが、最近、地元の西山を守る会の方が発見、確認しました。

蚕種石神社

蚕種石（大月市）

蚕種石（町田市）

蚕種石（厚木市）＊1

コラム　蚕神

　養蚕はカイコの餌となる桑を栽培し、カイコを飼育し繭を生産することです。凍霜害や水害など気象障害や病害虫により良質な桑を供給できないことがあり、病気やウジバエ、ネズミ、アリなどの天敵、温度の影響などによりカイコの生育が上手くいかないことがあります。養蚕技術は日々進歩しましたが、防災、豊蚕、蚕の鎮魂を願い蚕神に頼ることも広く行われました。

　蚕神は大きく3つグループがあり主なものは以下です。

1)【神道の蚕神】　稚産霊神（わくむすびのかみ）、大気津比売神（おおげつひめのかみ）、保食神（うけもちのかみ）などです。

　日本神話では稚産霊神の頭から蚕と桑が生まれ、大気津比売神の頭から蚕、保食神の眉から蚕が生まれました。保食神は「古事記」には登場せず、大気津比売神と同一神とされることがあります。

2)【仏教の蚕（神）】　養蚕を護る仏として弁財天、毘沙門天、虚空蔵菩薩などがありますが、最も信仰を集めたのが馬鳴菩薩（めみょうぼさつ）です。

　馬鳴菩薩は天竺（インド）から伝わった大日如来の化身で、貧しい人々に衣服を与える仏様として信仰されました。一面六臂の像で糸枠、桑枝、繭、蚕種紙などを持ち白馬に乗っています。

3)【民間信仰】　蚕影信仰、絹笠信仰、オシラサマなどです。

　蚕影信仰（蚕影神）は茨城県つくば市神郡の蚕影神社を総本山として、別当蚕影山桑林寺により関東地方から中部地方まで広く布教されました。蚕影神は蚕影神社の縁起として伝わる金色姫伝説に由来しています。

馬鳴菩薩　*2
（高崎市薬王寺）

　絹笠信仰は滋賀県近江八幡市安土の繖山桑実寺（きぬがさやまくわのみてら）が本源とする説もありますが、茨城県神栖市の蚕霊神社別当蚕霊山星福寺に祀られる蚕霊尊をもとに滝沢馬琴（1767－1848）が讃を書いた錦絵（衣襲明神）が評判となり主に群馬県で広がりました。

　オシラサマは東北で見られる家の神です。岩手県の遠野で見られるオシラサマが有名ですが神体は桑の木で作った人や馬の頭部に紙や布の装束を付けた人形です。中国から伝わる馬頭娘伝説が由来との説があります。

オシラサマ（遠野市立博物館）

安曇野市天蚕センター

安曇野市天蚕センター

　長野県の穂高有明地方（現在の安曇野市）は、野蚕のヤママユ（天蚕）の繭から採れる天蚕糸の代表的な産地でした。天蚕糸は淡緑色と独特な光沢、稀少性から最高級織物原料として珍重されました。

　天明年間（1781～1788年）、野外のヤママユの卵を採取して飼育が始まり嘉永元年（1848年）には繰糸も開始されました。最盛期の明治30年（1897年）頃には、有明村（当時）の約3,000haのクヌギ林と茨城県、栃木県の出作を含め年間800万粒の繭を生産していました。ヤママユに比べ品質は劣りますが飼育の楽なサクサン（柞蚕）も飼育されていました。

　しかし明治35年（1902年）頃からの微粒子病、ウジバエの被害、明治41年（1908年）の焼岳噴火による降灰により生産量は減少しました。

　大正2年（1913年）安曇郡天柞蚕同業組合が組織され天蚕、柞蚕飼育は復興し、昭和11年（1936年）には長野県産蚕業試験場松本支場有明天柞蚕試験地が設置されました。しかしその後、天蚕糸は贅沢品とされ第二次世界大戦の頃には飼育は途絶えてしまいました。

　昭和48年（1973年）穂高町（当時）は天蚕飼育を復活させようと農家の人たちに協力してもらい、飼育を再開しました。昭和52年（1977年）穂高町天蚕センター（現安曇野市天蚕センター）が建設され、現在安曇野市天蚕振興会が管理・運営しヤママユの飼育、生糸生産を行っています。

　水上勉の小説「有明物語」は昭和初期、戦前の有明での天蚕飼育を営む母子の哀しい物語ですが、当時の天蚕飼育の様子が詳しく描かれています。

天蚕場

　明治22年（1889年）、現在の栃木県那須塩原市に那須東原天蚕場という字が成立、明治25年（1892年）天蚕場となりました。現在の住所は、那須塩原市東原です。天蚕場の由来は、その地で明治16年（1883年）頃から漸進社（開拓結社）が中国原産の「柞蚕」の飼育を始めたことに由来します。柞蚕を天蚕と呼んでいたようですが、鳥による幼虫の食害が多かったことなどから事業は長く続かなかったと言われています。

絹の道

東京都八王子市鑓水（やりみず）に、八王子市史跡「絹の道」があります。

大塚山公園（鑓水峠）にある「絹の道」の碑から御殿橋まで約1.5km、このうち昔の面影を残す未舗装部分の約1kmは文化庁選定「歴史の道百選」に選ばれています。途中には、鑓水の生糸商人、八木下要右衛門家屋敷跡地に平成2年（1990年）に開館した絹の道資料館があります。

絹の道

安政6年（1859年）に横浜が開港し、日本の生糸は横浜から大量に欧米に輸出されるようになりました。

八王子近郊、信州、甲州、上州等から八王子に集められた生糸を横浜まで運ぶ道は「浜街道」「町田街道」などと呼ばれ史跡「絹の道」も浜街道の一部でした。

コラム　家蚕と野蚕

繭から絹糸を生産する蚕には屋内で飼育する家蚕と野外で飼育する野蚕がいます。

家蚕はカイコガ科のカイコガ（蚕）のことですが、クワ科のクワ（桑）の葉を食べます。

野蚕の代表的なものはヤママユガ科のヤママユガ（山繭蛾）です。天蚕（てんさん）とも言います。ブナ科のクヌギ、コナラ、クリなどの葉を食べます。幼虫も繭も緑色です。

野蚕にはヤママユガの他、ヤママユガ科のサクサン（柞蚕、中国産）やムガサン、タサールサン（インド産）、アタカスサン（与那国蚕、インドネシア・タイ・日本（与那国島）産）、クリキュラ（黄金繭、インドネシア・フィリピン等産）などがいます。

カイコガ幼虫

ヤママユガ幼虫

カイコガ繭（左）
ヤママユガ繭（右）

富岡製糸場と絹産業遺産群

　平成26年（2014年）に登録された世界遺産「富岡製糸場と絹産業遺産群」の構成資産は群馬県の「富岡製糸場」「田島弥平旧宅」「高山社跡」「荒船風穴」です。

　富岡市の**富岡製糸場**は、明治5年（1872年）明治政府がフランスの技術を導入、設立した官営の器械製糸場で、国内の養蚕・製糸業を世界一の水準に牽引しました。

　田島弥平旧宅は、伊勢崎市境島村にあります。田島弥平（1822－1898）は、蚕種製造農家でしたが清涼育（自然のままの温度）の技術確立を行いました。文久3年（1863年）に建てた主屋兼蚕室は、棟上に換気用の櫓を備え近代養蚕農家の原型になりました。

　　富岡製糸場（富岡市）　　　　田島弥平旧宅（伊勢崎市）

　高山長五郎（1830－1886）は、温暖育と清涼育を組み合わせた「折衷育」の技術を考案、明治6年（1873年）に研究・教育機関である高山社（養蚕改良高山社）を設立し、その普及に努めました。藤岡市高山に**高山社跡**があります。

　甘楽郡下仁田町の神津牧場の東側に**荒船風穴**があります。明治38年（1905年）に第1号風穴ができましたが国内最大級の規模です。岩の隙間から吹き出す冷風を利用した蚕種の貯蔵施設で、蚕の孵化時期を調整でき養蚕の多数回化をはかり増産に貢献しました。

　　高山社跡（藤岡市）　　　　荒船風穴（下仁田町）

松ヶ岡開墾場

羽越本線鶴岡駅の南東、山形県鶴岡市羽黒町松ヶ岡に松ヶ岡開墾場があります。戊辰戦争に敗れた庄内藩の旧藩士3千人は明治5年（1872年）月山の麓に連なる原野の開墾を開始、311haの桑畑と大蚕室10棟を完成させました。その後、鶴岡に製糸工場と絹織物工場が創設されました。第一蚕室が開墾記念館になっていますが、上州島村の田島家の蚕室を模して建造したといわれています。

第一蚕室（開墾記念館）

札幌市中央区に桑園駅、桑園公園などがありますが、明治8年（1875年）6月から9月、旧庄内藩士はこの地の21万坪を開拓し桑畑としました。

上垣守国養蚕記念館

山陰本線八鹿駅の南西、兵庫県養父市大屋町蔵垣に日本を代表する養蚕家、上垣守国（1753-1808）の記念館があります。

上垣守国は蔵垣村の庄屋の長男として生まれました。明和7年（1770年）18歳の時から養蚕の先進地であった福島県伊達地方に行き、品質のよい蚕種を持ち帰り品種改良に尽力しました。また享和3年（1803年）には「養蚕秘録」を出版しました。優れた養蚕技術書で国内はもとより、シーボルトが持ち帰りフランス語訳され嘉永元年（1848年）パリ、トリノで出版されました。

蔵垣の隣、大屋町大杉には国が選定した重要伝統的建造物群保存地区があります。切妻造りの瓦葺屋根に抜気とよぶ越屋根のある三階建養蚕住宅の養蚕集落として景観が維持されています。

上垣守国養蚕記念館

三階建養蚕住宅

蚕糸の森公園

　東京地下鉄丸ノ内線東高円寺駅の南に杉並区立蚕糸の森公園があります。農林水産省蚕糸試験場の跡地に、昭和61年（1986年）開園しました。2.7haと広い園内は防災公園の役割も担い、防火樹など植樹も多く、広場、滝、池もあります。公園入口には、蚕糸試験場時代のレンガ造りの正門が残され往時をしのぶことができます。

　蚕糸試験場は養蚕、製糸、絹加工に関する試験研究を行う国の機関でしたが、始まりは明治44年（1911年）にできた農商務省原蚕種製造所です。大正3年（1914年）蚕業試験場、昭和12年（1937年）農林省蚕糸試験場に改称、昭和55年（1980年）につくば市に移転、その後蚕糸・農業技術研究所、独立行政法人農業生物資源研究所に改組され、現在は国立研究開発法人農業・食品産業技術総合研究機構になっています。

蚕糸試験場時代の正門

蚕糸科学技術
発祥の地の碑

仲田の森蚕糸公園

　中央本線日野駅の北東に仲田の森蚕糸公園があります。園内は、桑園も残され、雑木林の中に小川が流れる自然豊かな公園です。

　昭和3年（1928年）に蚕業試験場日野桑園として設置され、数棟の蚕室がつくられ、蚕の遺伝、育種等に関する研究も行われました。

　昭和55年（1980年）につくば市に移転し閉鎖しましたが、平成24年（2012年）日野市立の公園として整備されました。日野桑園第一蚕室は、国の登録有形文化財（建造物）に指定されています。

日野桑園第一蚕室

蚕糸記念公園

　松本駅の東、あがたの森公園（旧制松本高等学校跡地）の北に**蚕糸記念公園**があります。

　明治42年（1909年）松本市に農商務省東京蚕業講習所夏秋蚕部が設置され、明治45年（1912年）原蚕種製造所松本支所となります。その後、農林省蚕業試験場松本支場などを経て独立行政法人農業生物資源研究所（昆虫科学研究領域生物資材開発ユニット）になりましたが、平成21年（2009年）に閉所、跡地があがた運動公園、蚕糸記念公園となりました。

蚕糸記念公園（松本市）

　跡地には「夏秋蚕研究発祥　蚕糸研究一世紀の地」の碑があります。

　長野県岡谷市幸町の旧市庁舎前に**蚕糸公園**があります。戦時中の家屋強制疎開により空き地となっていた三角地が昭和26年（1951年）三角公園という名称で整備されましたが、糸都岡谷にちなみ昭和28年（1953年）「蚕糸公園」と命名されました。

　岡谷は全国屈指の生糸生産地でしたが、昭和5年（1930年）には200以上の製糸工場があり、30,000人以上の工女さんがいました。

　岡谷市郷田の市立岡谷蚕糸博物館（シルクファクトオカヤ）は、宮坂製糸所の製糸工場が併設され作業工程を見学することができます。

蚕糸公園（岡谷市）

　福島県伊達郡桑折町に**蚕糸記念公園**があります。桑折町はじめ福島県の信達地方（信夫郡、伊達郡）は江戸時代の半ば頃から養蚕業が盛んでした。昭和7年（1932年）には、郡是製糸株式会社の製糸工場が造られました。その後郡是製糸桑折工場は本宮工場に併合、福島蚕糸販売協同組合連合会の工場が福島市より移転してきましたが平成15年（2003年）に解散、建物も解体され、跡地が公園として整備されました。

蚕糸記念公園（桑折町）

玉虫
コウチュウ目

コウチュウ目（甲虫目、鞘翅目）は世界では約390,000種、日本でも約15,000種が知られています。このうちタマムシ類は世界では約15,000種、日本では約220種がいます。

しかしコウチュウ目のカブトムシやコガネムシ、クワガタムシ、カミキリムシ等を由来とする地名はないようです。カブトムシ、クワガタムシは大型昆虫ですが普通は林の中にいますので目立たなかったからかもしれません。

コウチュウ目で地名の由来となっているのはタマムシとホタルだけです。ヤマトタマムシ（タマムシ）は大型で綺麗ですし道端のエノキ、ケヤキの付近で見ることができるので昔から馴染みのある甲虫だったようです。

和名の「たまむし」の由来は金属光沢の緑色の美しい姿を玉（宝石）に例えたからのようです。中国では吉丁虫と呼ばれ縁起のよい虫のようです。日本各地にタマムシを箪笥に入れておくと着物が増えるとの言い伝えがあります。

玉虫沼

左沢線羽前山辺駅の南西、山形県東村山郡山辺町大字大蕨に玉虫沼があります。

室町時代後期、この地方を治める高楯城の城主武田信安（1707－1788）が自然池をもとに大きな溜池を作り上げ洪水を防ぎ、耕地も大きく広げました。農民たちは城主を「賜主の神」として敬い、賜主の池が玉虫池と呼ばれるようなったとの説があります。

後の「玉虫姫伝説」では、近くに住んでいた美しく利口な娘が玉虫という名でお殿様に仕えていましたが、訳あって池に身を投げてしまいます。玉虫沼が何時行って見ても水面が清らかに輝いているのは、玉虫姫が毎朝早く掃除をするからだそうです。池の岬には玉虫姫を祀る玉虫大明神があります。

玉虫沼付近の地図

玉虫沼

玉虫宮

　福岡県朝倉郡筑前町曽根田に字玉虫があります。鎮守の森に玉虫宮があり集落名の由来と言われています。

　筑前町教育委員会が設置した説明板には以下が書かれています。

　『民間伝承によれば、神社のご神体は男女二体で、那須与一と玉虫御前の夫婦を祀るといいます。与一は、文治元年（1185年）、四国の屋島の合戦で扇の的を射落とした源氏方の若武者です。一方の玉虫は平家方の女官で、船上で扇の的を掲げた女性といいます。しかし、江戸時代の黒田藩の国学者、貝原益軒はこの伝承を「いぶかし」（疑わしい）としています』

玉虫宮

玉虫寺

　熊本県上益城郡御船町玉虫に玉虫寺跡があります。

　寺跡の説明板には「戦いに敗れた平家の多くは海底のもくずと消えたが、玉虫御前は幸いにも逃れ父である横野村の豪族横野大掾のもとに身をよせ尼となり、玉虫に一寺を建てて観音像を作り平家一門の菩提をとむらったと伝えられる。これを玉虫寺と呼んでいる」とあります。玉虫御前の出身地なので玉虫という地名になったのかは不明です。

玉虫バス停

　熊本県には玉虫御前に関する伝説が他にもあります。八代市泉町柿追の保口に鬼山御前堂（若宮神社）があり玉虫御前が祀られています。八代市の説明板には以下の内容が書かれています。

　『玉虫御前は源氏の追討をさけ四国より日向を経て、名も鬼山御前と改名しこの地、柿追岩奥に住み着きました。源氏の追討はきびしく那須与一の嫡男、那須小太郎は軍勢を率いて平家の残党を求め、岩奥を通り五家荘に向かいました。鬼山御前は同じ同族の平家を討たせてはならぬと小太郎の軍勢の後を追い、保口にて追いつき「この奥は人の住む所ではない、ここに留まって様子を見ては」と小太郎を引き留め、二人はいつしか夫婦となりそのまま保口で一生を過ごしたとのことです』

玉虫野

　薩摩半島に鹿児島県南さつま市加世田内山田玉虫野（たまむしの）があります。

　山合に茶畑が広がる静かな集落の中に玉虫石があり玉虫野の由来となっています。大きな石が二つ重なり合い、そのすき間に昔から小さな玉虫のように五色の光を放つ小さな蛇が棲んでいて、土地の人は神として尊んでいたそうです。

　この蛇を見た人には吉事があると言われているそうですが、残念ながら見つけることはできませんでした。

玉虫野集落

玉虫石

コラム　玉虫厨子

　奈良県生駒郡斑鳩町の法隆寺大宝蔵院にある国宝「玉虫厨子」は飛鳥時代の作で高さ約2.3メートルの宮殿型の厨子です。透かし金具の下に玉虫の翅鞘を敷いたことから玉虫厨子と言われています。

　大阪市浪速区日本橋の髙島屋東別館にある髙島屋史料館に原寸大の模造（レプリカ）があります。戦前に漆工芸家北村大通が制作したものをもとに昭和35年（1960年）日本鱗翅学会が創立15周年記念事業として完成させたものです。全国の小中学生などに呼びかけタマムシを採集、5,348匹の翅鞘を使っています。

ヤマトタマムシ♀成虫　＊3

玉虫厨子模造（髙島屋史料館）

コウチュウ目

ホタル（蛍）はコウチュウ目ホタル科の昆虫ですが世界には2,000種以上が知られています。ほとんどが陸生ホタルで水生ホタルはわずか10種類程です。

ホタル類は日本では50種が生息していますが水生のものはゲンジボタル、ヘイケボタル、クメジマボタルの3種だけです。

蛍は音読みで「ケイ」、訓読みで「ほたる」です。和名「ほたる」の語源は、火垂（ほたり）、火照（ほてり）、火足（ひたる）などの説があります。

「夏は夜。月のころはさらなり、闇もなほ、蛍の多く飛びちがひたる。また、ただ一つ二つなど、ほのかにうち光りて行くもをかし。雨など降るもをかし」（枕草子）。

闇夜に青白く光るホタルは、昔から日本人にとって最も人気のある昆虫かもしれません。

蛍狩の場所などは共通認識として特定できますので蛍の付く地名は当て字は少ないようです。

環境汚染などで一旦は激減したホタルですが、近年の環境保全、ホタル復活の取り組みにより、現在全国では蛍橋は70ヶ所以上、蛍の里、蛍公園などは250ヶ所以上あり、年々増加しています。虫の付く地名が減少、風化する中で好ましいことと思われます。

蛍の付く地名以外に、神田左京の「ホタルの名所」についても取材しましたので紹介します。

蛍坂

山手線日暮里駅の南西、東京都台東区谷中5丁目の区立防災広場初音の森の東側に蛍坂があります。台東区教育委員会の標識には「江戸時代、坂下の宗林寺付近は蛍沢と呼ぶ蛍の名所だった。坂名はそれにちなんだのであろう」とあります。

蛍坂

「江戸名所花暦」（文政10年1827年）には「ほたる沢は谷中三崎宗林寺の地なり。他のとくらふれば、光甚しく、形の大ひなり」とあります。

嘉永6年（1853年）頃の古地図を見ると藍染川が宗林寺の西側、今はない妙林寺の東側を通り不忍池まで流れています。藍染川は現在、暗渠となっていますが、蛍川、蜆川とも呼ばれた清流で蛍沢はこのあたりだったようです。

「蛍火や 呼ばらぬ亀は 膳先へ」いう小林一茶（1763－1827）の句があり不忍池と前書きがついています。 清流の藍染川が不忍池に注ぐ時代には、不忍池にもホタルがいたようです。

螢谷

　京阪電鉄石山阪本線石山寺駅の北に滋賀県大津市蛍谷があります。東側を流れる瀬田川は琵琶湖から発し宇治川、淀川と名前を変え大阪湾に流れ込みます。

　紫式部は石山寺に参籠中「源氏物語」を起筆したと言われています。瀬田川畔の蛍谷公園には「紫式部の泉」（噴水）があります。

　神田左京は名著「ホタル」で一番名高いホタルの名所は石山と宇治と書いています。東海道名所図会（安永8年1779年）には蛍谷について「石山寺より勢田までの半にあり。初夏の頃はこの谷より蛍多く出でて、湖水にうかむけしき、この所の奇観なり」と記されています。

　松尾芭蕉（1644－1694）は元禄3年（1690年）蛍谷を訪れ「ほたる見や　船頭酔うて　おぼつかな」と詠んでいます。

　南郷ほたる橋付近の瀬田川支流千丈川では地元の方々が保護活動を行いゲンジボタルを見ることができます。

螢谷

螢ヶ渕

　京都府宇治市にある平等院の東側を流れる宇治川沿い1キロ程上流の河畔に蛍ヶ渕があります。

　碑には「蛍ヶ渕　蛍塚」とあり裏面に由来が刻まれています。

　「毎年旧暦5月26日の夜は、平家打倒の夢も空しく、治承4年（1180年）のこの日に、平等院の境内で無念の最期を遂げた、源三位入道頼政と同志の武者たちの亡魂が、蛍と化して挑み合うと伝えられ、宇治の蛍合戦とさえ呼ばれて、多くの遊客を集めていた。源氏蛍の名を得たゆえんもまたここにあるという」

　小泉八雲（1850－1904）は宇治の蛍合戦を「無数の蛍が両岸から飛出してきて、水上で熾烈な一戦をまじえるのである。一瞬、蛍の大群は、光る雲か、一団の火花のように見えることがある。その中、雲は散じ、火花はくずれて水面に散り、落ちた蛍はひかりつつ流れ去る」と表現しています。

蛍ヶ渕（蛍塚）

落合蛍

「落合」は東京都三鷹市の井之頭池を源流とする神田川（神田上水）と杉並区の妙正寺池を源流とする妙正寺川が合流、落ち合う場所が由来になっています。

新宿区の落合橋から下流の田島橋、面影橋あたりの神田川が落合蛍（ゲンジボタル）の名所でした。

「江戸名所図会」（天保3年1832年）に落合蛍の絵があり「この地は蛍に名あり、形大にして光も他に勝れたり、山城の宇治、近江の瀬田にも越えて、玉の如くまた星の如く乱れ飛んで、光景最奇とす、夏月夕涼多し」とあります。また二代目広重と二代目豊国の合作による落合のホタル狩りの絵もあります。

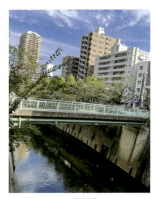

面影橋

現在の神田川は氾濫対策の河川改修によりホタルが生息できる環境ではありませんが、田島橋の北にある「おとめ山公園」では地元の「落合蛍を育てる会」の方々が公園内のホタル舎でホタルの増殖を行い毎年7月上旬に「ホタル観賞の夕べ」を開催しています。

蛍橋（石神井川）

荒川水系の石神井川は東京都小平市御幸町付近を水源として西東京市、練馬区、板橋区を流れ北区船堀で墨田川に注ぐ全長25.2kmの一級河川です。

練馬区石神井台1丁目に石神井川に架かる蛍橋があります。橋名は昭和10年代後半に石神川にホタルが多いことから命名されました。私は石神井川付近に住んでいましたが昭和30～40年頃には川の汚染が進みホタルを見ることできませんでした。

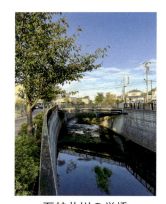

石神井川の蛍橋

「江戸名所花暦」には、谷中の蛍沢、落合姿見橋とともに王子下通り飛鳥山下もホタルの名所として紹介されています。石神井川は飛鳥山付近では音無川とも呼ばれています。音無川のホタル（ゲンジボタル）は、大きくよく光るということで江戸城の大奥が取り寄せたそうです。

「北豊島郡誌」（大正7年1918年）には「富士街道の正久保橋付近は蛍の名所と聞えたり、皐月暗の季節に入れば蛍狩にとて態々来遊するも少なからず、総じて石神井川の沿岸は蛍多く飛び交うさまえも云はれずとなん」とあります。

見沼蛍

　埼玉県さいたま市大宮区寿能町の大宮第二公園に「蛍の碑」が建っています。案内板には以下が書かれています。

　「見沼源氏蛍発生の地　大宮の蛍狩は渓斎英泉の版画にも刻まれ、見沼藩が旧幕時代にすでに江戸近郊の蛍の名所として著名であった。明治26年（1893年）宮中への蛍献上が始まり、昭和7年（1932年）天然記念物に指定された。第二次世界大戦後、農薬等の普及によって可憐な蛍はその光を消した」

蛍の碑

　明治時代においても大宮は有名なホタルの名所で、東京から夕方に汽車で来る人も多かったようで大変な賑わいでした。

　現在、氷川神社と氷川ほたるの会が見沼蛍の復活に取り組んでおり、6月上旬には「氷川神社ほたる鑑賞会」を開催しています。

鎌田川

　山梨県中巨摩郡昭和町を流れる富士川水系鎌田川のホタルは江戸時代から有名でした。

　「甲斐国史」（文化3年1806年）には「鎌田川　西條新田より西條界に至りて姥川相加わり、西條村の南に至り二瀬川に合す。この辺蛍火多し、遊観する者多し」と書かれています。

　昭和5年（1930年）には国の天然記念物に指定され、昭和6年（1931年）から昭和32年（1957年）までは地元の青年団が「蛍合戦・蛍まつり」を開催し、臨時電車、バスが出る程多くの見物客でにぎわいました。

鎌田川

　甲府盆地は日本住血吸虫症（地方病）の全国6ヶ所の発生地の一つでしたがその中間宿主であるミヤイリガイの撲滅のため昭和30年代より殺貝剤の散布、また流速を早めるため用水路の直線コンクリート化等により鎌田川のホタルは激減しました。

　ホタルの名所復活のため昭和63年（1988年）に「昭和町源氏ホタル愛護会」が発足し、ホタルの増殖、保護に取り組んでいますが水路の改修、都市化による夜間の明るさ等により、現在鎌田川本流ではホタルの生息は確認できないようです。

辰野ほたる童謡公園

中央本線辰野駅の北、長野県上伊那郡辰野町平出、下辰野に辰野ほたる童謡公園があります。天龍川の河畔、松尾峡にあり全体面積は9.15ha、ほたる公園としては全国的にも最大規模です。6月中旬には盛大な「信州辰野ほたる祭り」が開催されます。

辰野は明治時代から戦前まではホタルの名所として有名で大正14年（1925年）には県天然記念物に指定されています。しかし天龍川は諏訪湖を源流としているため、昭和30～40年代になり諏訪湖周辺の工業の発展、天龍川への生活排水流入等で水質が悪化、ホタルは絶滅の危機となりました。

辰野ほたる童謡公園

地元の高校教諭らにより復活活動が行われ、昭和48年（1973年）には全国初のホタル用水路を造成開始、平成12年（2000年）に全水路3,245.7mを完成させました。平成15年（2003年）に辰野町は「ホタル保護条例」を制定「日本一のホタルの里」をうたっています。平成29年（2017年）には20万匹のホタルの発生が確認されています。

塩尻堰

しなの鉄道線西上田駅の西にある塩尻岩鼻付近、長野県上田市下塩尻と埴科郡坂城町大字南条（鼠集落）の境界あたりの水路（塩尻堰）は江戸時代からホタルの名所でした。

信濃国の地方史家、俳人の瀬下敬忠（1709－1789）は「千曲之真砂」（宝暦3年1753年）に塩尻堰のホタルについて記しています。「上塩尻村を過ぎ、右は山道、左は堤なり、塩尻堰と言う、此所蛍飛びかう事おびただし、盛りの頃は上田城下より諸人群集してこれを見る、一団なり水上を上下し、集乱してえん火のごとし、呼んで蛍合戦と称す、宇治瀬田と言うともこれにはますらじ、いかなる故ここばかり、かく多く集まるやらんいと珍し」

ほたる舞う里の看板

現在この付近ではホタルを見ることができないようですが、やや南の下塩尻中島地区では「ほたるの舞う里」として地元の方々が保護活動をしています。

杭瀬川

岐阜県大垣市の杭瀬川のホタルは、寛永12年（1635年）に初代大垣藩主となった戸田氏鉄が「天の川ホタル」と名付けて愛でたと伝えられています。

昭和初期には観光船が川に浮かび、各地から訪れた人々に「初夏の風物詩」として親しまれました。神田左京は「ホタル火が水にうつる光景は、全く二重のホタル垣をつくったようです。船の中からもれる三味線の音も聞こえました」書いています。

杭瀬川

昭和50年頃から河川改修、水質汚染などによりホタルの生息数が激減しました。昭和49年（1974年）に大垣市南市橋地区に「南市橋杭瀬川のホタルを守る会」が発足、熱心な保護活動によりこの地区ではホタルを見ることができるようになりました。

垂井町

谷崎潤一郎（1886－1965）の長編小説「細雪」の下巻（昭和23年1948年）では、三女雪子が岐阜県の大垣付近でお見合いをする場面があります。

お見合いの前日、蛍狩をするのですが谷崎潤一郎の松子夫人はエッセイで「蛍狩は、西から上がって大垣の一つ手前の垂井と云う駅で下車、車で十分位の表佐と呼ばれる村が舞台である」と書いています。

垂井町表佐の看板

松子夫人の親戚が垂井にあり、谷崎夫妻も何回か訪れています。次女幸子は松子夫人がモデルです。小説では表佐での蛍狩の優美な情景が描かれています。幸子は布団の中で蛍狩のひと時を回想します。

「真の闇になる寸刻前、落ち凹んだ川面から濃い暗黒が這い上がって来つつありながら、まだもやもやと近くの草の揺れ動くけはいが視覚に感じられる時に、遠く、遠く、川のつづく限り、幾筋とない線を引いて両側から入り乱れつつ点滅していた、幽鬼めいた蛍の火は、今も夢の中にまで尾を曳いているようで、目をつぶってもありありと見える」

また垂井は伊吹山系の扇状地の扇端にあたり湧水が多く、水質もよく地元ではゲンジボタルやハリヨの保護活動をしています。

石田川の蛍

　岐阜県山県市高富付近の鳥羽川、石田川は大正時代末頃から「石田川の蛍」「高畠の蛍」と呼ばれホタルの名所でした。鳥羽川の蛍橋の近くには「石田川の蛍」の記念碑が建っています。

　鳥羽川の佐賀橋から500m程上流の不動橋付近まで中堤防があり東側に石田川、西側を鳥羽川が流れていました。ホタルの見物人は電車やバスでやって来て幅2m程の中堤防をぞろぞろ歩いたそうです。昭和30年代の河川改修により中堤防がなくなり、また昭和35年（1960年）頃には農薬などによる水質汚染で高畠付近の蛍はほとんどいなくなりました。現在、高畠の蛍ヶ丘（団地）の入口付近の用水路（ホタルの小径）では少ないですがホタルが見られます。また現在、山県市内では高畠の北にある出戸川、富永の「みやまの森」がホタル観賞スポットになっています。

石田川の蛍記念碑

守山

　滋賀県守山市のホタルは明治時代になってから有名になりました。明治35年（1902年）に出版されたホタル学者、渡瀬庄三郎（1862-1929）の「蛍の話」には「蛍のたくさん出る頃には全く提燈は要らない。田圃道は小川に添っていて蛍の光によって道筋がはっきりわかる」と書かれています。

　大正末期、乱獲、河川環境の悪化によりホタルが減りはじめたため、大正13年（1924年）に守山のゲンジボタルは天然記念物に指定され、地元のホタル研究家、南喜市郎（1896-1971）はホタルの飼育に取り組み、幼虫の放流などを行いました。

ほたるの資料館

　昭和40年（1965年）頃から河川の水質汚染、河川改修、農薬の使用等の影響により守山のホタルは絶滅に近い状態となりましたが、昭和54年（1979年）守山市は「ほたるのよみがえるまちづくり事業」を開始、その拠点として平成2年（1990年）市民運動公園内に「ほたるの資料館」を開設しました。また平成12年（2000年）には守山市ほたる条例を制定しました。現在、ほたるの資料館の横の水路、三津川河川公園、目田川河川公園などでホタルを見ることができます。

秋光川

　大正時代末から昭和初期ホタルの季節、博多、北九州方面から佐賀県三養基郡基山町の秋光川のホタル観光のための臨時列車が走りました。川沿いにはボンボリが灯され茶店が出て大勢のホタル見客で賑わいを見せました。

　大正10年（1921年）九大医学部嘱託だった神田左京が主導し、秋光川流域2kmを佐賀県から借り受け九大医学部のホタル養殖研究用地としました。地元の有志、学校の先生、青年団等と協力して徹底した保護増殖活動を行い九州随一のゲンジボタルの名所としました。

秋光川

　しかし戦時中に秋光川の川砂が線路建設に使われ、その後の護岸工事もあって現在ホタルを見ることはできません。秋光川の高島橋の畔に「源氏ほたる発祥の地」の碑が建っています。

塩田川

　佐賀県嬉野市塩田（旧塩田町）大草野の塩田川のホタルは江戸時代から有名でした。

　佐賀藩支藩蓮池藩の8代藩主鍋島直与（1798－1864）や9代藩主鍋島直紀（1826－1891）が蛍狩に訪れました。また佐賀藩武雄領主28代領主の鍋島茂義（1800－1863）は「大草野川にて蛍狩の御催があった、無数の源氏蛍が入り乱れて飛びちがい」との口伝を残しています。

　塩田川に架かる蛍橋があります。昔は交通不便の難所で飛び石伝いに渡ったそうです。明治時代に石橋ができ

塩田川

昭和14年（1939年）に鉄筋コンクリートの橋となりこの辺りがゲンジボタルの生息地として名所だったことから「蛍橋」と命名されました。平成時代に塩田川の改修が行われ川幅も広がり平成6年（1994年）に現在の新しい蛍橋が架橋されました。

　現在本流ではホタルを見ることができませんが、地元の小学校ではホタルの再生、保護の取り組みが行われています。

母川

　阿佐海岸鉄道線阿佐東線の海部駅の北西、徳島県海部郡海陽町高園付近の二級河川海部川支流母川はゲンジボタルの生息地です。

　神田左京もホタルの名所として紹介していますが、「阿波名所図会」（文化8年1811年）の中に、母川の蛍の版画があり蛍合戦が描かれています。

　「母川蛍　海部郡園瀬村にあり　蛍の大きさ寸にみてり　此蛍関の棚にとまり　また水車のまわるにしたがい　或は飛び　或いはとまり　また丸くかたまりたる　蛍谷より飛来り　川の上にて四方にちり　また数万の蛍当方より飛び来たり　此所にて合戦をなす事年ごとなり」

　昭和40年代頃からホタルの発生は減少したようですが、江戸時代からのホタルの名所が絶えることなく現在まで残されている珍しい例です。

母川付近の地図

母川の清流　＊4

　母川は湧水が多く、水質も良く年間を通じて水温の変化が少ないことからカワニナ、ホタルの生育に適しています。

　また「母川オオウナギ生息地」が大正12年（1923年）に国指定天然記念物になったことから周辺の河川環境が維持され地元の方々もゲンジボタルとオオウナギについて熱心な保護活動を行ってきました。

　毎年6月上旬には「母川ほたるまつり」が開催され、船頭さんの漕ぐ高瀬舟から風流なホタル見物ができます。

新母川橋　＊5

母川の高瀬舟　＊6

コラム　神田左京

　ホタル研究で知られる神田左京は明治7年（1874年）長崎県松浦郡佐々村（現佐々町）の代々続く神主の家に生まれました。
　東京での英語教師を経て米国に留学、生物学の研究を続け、Ph.D.（理学博士）を取得しています。帰国後、京都帝国大学医学部生理学教室、九州帝国大学医学部臨海実験所、理化学研究所等で発光生物、ウミボタル、ホタル等の研究を行いました。米国留学後は定収入の職業に就くことはなかったので在野の学者とも言えます。

神田左京著「ホタル」

　著者曰く、「心中の墓碑」として名著「ホタル」を書き上げた4年後、昭和14年（1939年）神奈川県藤沢町辻堂（現藤沢市）で逝去しました。亨年65歳。人付き合いが苦手で、写真嫌い、生涯独身の孤高の学者でした。
　神田左京の「ホタル」は昭和10年（1935年）に日本発光生物研究会から自費出版されました。内容はホタル研究の集大成、496ページの大作です。
　その中で「ホタルの名所　昔の名所　今の名所」を紹介しています。
　昔の名所として石山（滋賀）と宇治（京都）、難波の堀江（大阪）、大井川（静岡）、谷中蛍沢・不忍池・森川・落合蛍（以上東京）、大宮（埼玉）の8ヶ所をあげています。
　また今の名所として鎌田川（山梨）、天龍川・塩尻堰（以上長野）鳥羽川・杭瀬川（以上岐阜）、守山川（滋賀）、母川（徳島）、秋光川・塩田川（以上佐賀）、筑後川（福岡）、鎌倉・早川（以上神奈川）の12ヶ所をあげています。
　ホタルの名所のうち、多くは現在、ホタルを見ることはできません。（大井川については、平安、鎌倉時代に大井川のホタルを詠む歌があることから京都の嵐山付近の大堰川（桂川）を静岡の大井川と勘違いしたようです。）

　また神田左京は別著「光る生物」（大正12年1923年）の中でホタルの保存（保護）について持論を述べています。
- ●ホタルの名所には、どこか1ヶ所ホタルの安全地帯を定めること。安全地帯ではホタルの採取の禁止。見物人の立ち入りも禁止。
- ●ホタルの名所となる場所は、ホタルの生活上一番適当な土地なので、むやみに掘り崩したり、川の小石、砂を上げない。ホタルの食物となる巻貝等が住みよくする。
- ●安全地帯には、柳を植えるとか水の具合をよくする。

　見物人、ホタル商による乱獲が行われ、ホタルの献上が美談とされた時代に、神田左京はホタルの採集の禁止、周辺環境整備の必要性を説いていますが、日本の自然保護の先覚者と言えます。

蛍行橋

　東武伊勢崎線境町駅の南西、群馬県伊勢崎市国領町を流れる広瀬川の支流韮川に架かる蛍行橋(けいこうばし)があります。

　平安時代の歌人藤原実方（不詳-999）は小倉百人一首に「かくとだに　えやはいぶきの　さしも草　さしも知らじな　燃ゆる思ひを」との恋歌がありますが、清少納言の恋人とか源氏物語の光源氏のモデルの一人とも言われています。

　史実かどうかは不明ですが実方に関わる伝説が地元にあります。ある年の春、実方は蔵人頭藤原行成（972-1027）と歌のことで殿上で争い行成の冠を笏(しゃく)でうち落としてしまいました。これをご覧になった天皇は不快に思われ、実方を陸奥守に左遷を命じました。蛍の季節に陸奥に下る実方の一行が国領にさしかかった時、河畔に飛びかう蛍を見た実方は歌を詠み、里人に与えました。

　「蛍行く　野中の小橋　いまさらに　左遷人の　道しるべとは」

　実方の思いを感じとった里人たちは、その橋を蛍行橋と名付けました。

蛍行橋

蛍の宮

　北陸本線武生駅の北西、福井県丹生郡越前町八田の集落に蛍の宮バス停と大きなカツラの樹があります。樹高約30m、樹齢約600年の「大かつら」は越前町の天然記念物に指定されています。

　案内板には「神木（カツラ）のある所を蛍ヶ宮という。西暦500年代のころ、仁賢天皇の皇子賢策太子というお方がおられた。武烈天皇に追われてこの地に来られたが形見として蛍を奉じられた。よって神祭には蛍の入った籠をさしあげるとある。梅雨時の夜中にここを通ると、不思議な青い火が無数に飛んでいると云う。これは蛍の火だと言われている。以前はこの木の根元に石の祠があったそうだが、いつのまにかこの大木の幹の中へ包み込まれてしまった」と記されています。

蛍の宮（左が神木）

蛍田駅

　小田原駅の北、神奈川県小田原市蓮正寺に小田急電鉄小田原線の蛍田駅があります。駅前には蛍田駅前郵便局があります。現在、蓮正寺という名の寺院はないようです。町の東側を酒匂川、南側を酒匂川の支流で金時山を水源とする狩川が流れています。

蛍田駅

　蛍田駅は昭和27年（1952年）に新駅として開業しましたが、付近が蛍の名所だったことから駅名を蓮正寺駅とせずに蛍田駅としたようです。現在、付近ではホタルを見ることができませんが、蛍田駅の北、足柄上郡開成町の松ノ木河原第1公園東側の要定川ではゲンジボタルが自然発生しています。

蛍茶屋停留場

　長崎駅の東、長崎市中川1丁目に長崎電気軌道蛍茶屋支線（路面電車）の蛍茶屋停留場があります。昭和9年（1934年）に開業しましたが、車庫と営業所もあります。

　このあたりは旧長崎街道の長崎への出入り口にあたりますが、江戸時代に一ノ瀬橋のたもとに茶屋ができて付近の一ノ瀬川が蛍の名所であったことから、いつしか蛍茶屋と呼ばれるようになりました。

蛍茶屋停留場

蛍橋停留場

　高知駅の南西、高知市旭町3丁目に「とさでん交通」伊野線（路面電車）の蛍橋停留場があります。昭和4年（1929年）に開業しました。近くには高知蛍橋郵便局があります。

　停車場の北、本宮川（用水路）に架かっている蛍橋が停車場名の由来のようです。本宮川は地元の方々が「ホタルの川」としてホタルの保護、清掃活動を続けています。

蛍橋停留場

蛍池
ほたるがいけ

　阪急電鉄宝塚本線、大阪高速鉄道（大阪モノレール）に蛍池駅があります。「蛍池駅」の由来は、駅の東側の豊中市刀根山4丁目にある江戸時代に造られたため池、蛍池にちなみます。

　明治43年（1910年）、箕面有馬電気軌道（現在の阪急宝塚本線）の新駅を開設する際に、駅の所在地は麻田という地名でしたが阪急電鉄の創業者の小林一三氏が「蛍池」が風流だとして採用したと伝えられています。大正末から昭和にかけて駅周辺は、郊外住宅地として発展し町名も蛍池東、西、南、北、中町となりました。

蛍池

ほたるまち

　大阪市福島区の中之島エリア、堂島川のほとり阪大病院の跡地にできた複合施設「ほたるまち」があります。

　与謝蕪村（1716－1784）の句「淀舟の　棹の雫も　ほたるかな」に因んで命名されました。

　淀舟は江戸時代、京都伏見と大阪八軒家（現在の天満橋付近）の間の淀川（現在の大川）を運行して三十石乗合船（乗客定員28名）で昼船と夜船がありました。この時代には大阪の中心部にもホタルはいたようです。

ほたるまち夜景

蛍ヶ丘

　静岡県の安部川水系藁科川の北、静岡市葵区新間に**蛍ヶ丘団地**があります。藁科川上流、このあたりの小河川、水路にはホタルが棲息しています。昭和40年（1965年）に団地ができる際、蛍ヶ丘団地と命名されました。

　高知県南国市蛍が丘、福岡県田川市夏吉**蛍ヶ丘**、岐阜県山県市高畠**蛍ヶ丘**がありますが、やはり団地を造る際に、ホタルの棲む自然豊かな場所であって欲しいとの思いから新たに命名されたようです。

蛍ヶ丘団地バス停（静岡市）

蛍川

　宮本輝の小説「螢川」は富山市を舞台にした昭和53年（1978年）の芥川賞受賞作品です。昭和62年（1987年）には、三國連太郎、十朱幸代などのキャストにより映画化されています。

　実際には蛍川の名前の川はありませんが、市内を流れる鼬川（いたちかわ）の川端に住む思春期の少年（竜夫）の人間的成長がテーマです。

鼬川（富山市内）

　物語は雪の富山の街から始まります。その年昭和37年（1962年）は4月に入っても大雪が降り続きました。そういう年はホタルが大発生すると近所の老人から聞いていた竜夫はある晩、心よせる少女らと鼬川を遡ります。映画では、川の上流で竜夫と少女が光輝く無数の蛍に遭遇するラストシーンは圧巻です。

　ロケ地となった鼬川の清辰橋付近には、映画「螢川」の記念碑とモニュメントがあります。

　高山本線速星駅の北に富山市婦中町**蛍川**があります。平成6年（1994年）に新しくできた町名で蛍川ニュータウン（団地）があります。小説、映画の「螢川」とは直接関係はないようですが、町内を流れる坪野川にはゲンジボタルが見られます。

富山市婦中町蛍川

　西鉄久留米駅の北西に福岡県久留米市**蛍川町**があります。蛍川町有志が設置した看板には「この辺りは、江戸時代の始め、有馬藩の鉄砲隊の足軽の居住地とされ鉄砲小路と呼ばれた。この地に沿って濁った小川があり、それを美化して蛍川と呼ぶようになり、明治6年（1873年）にそのまま町名になった」と書かれています。ホタルが飛んでいた時期もあったようですが、現在は小川もなく、ホタルを見るようなことはないとのことです。

久留米市蛍川町

トンボ（蜻蛉）はトンボ目（蜻蛉目）ですが、世界では約6,000種、日本では205種がいます。

蜻蛉は音読みで「セイレイ」、訓読みで「とんぼ」です。和名の「とんぼ」は、語源は飛ぶ坊、飛ぶ羽、飛ぶ棒などの説があります。古くは秋の虫から「あきつ、秋津」と呼ばれていました。

日本書記によると、神武天皇が国見をした時、「あきつの臀占の如し」（蜻蛉の交尾の姿）と言ったことから日本国土は「秋津島、秋津洲」とも言われるようになりました。

地名としての蜻蛉は「ドブ、タンボ」（沼地、湿地、溜池）の当て字が多いですが、蜻蛉そのものに由来する地名もあります。

蜻蛉は「かげろう」とも読みますがカゲロウはカゲロウ目（蜉蝣目）の昆虫でトンボとは別の目に属しています。カゲロウの成虫は繊細な体で短命です。平安時代の藤原道綱母（939－995）による「蜻蛉日記」は「かげろう日記」です。

蜻蛉の滝

近鉄吉野線大和上市駅から南東に国道169号線を吉野川沿いに走り五社トンネルを抜けると奈良県吉野郡川上村西河に桜で有名な「あきつの小野公園」があります。

吉野杉に囲まれた公園を奥に進むと音無川の清流に、高さ約50mの蜻蛉の滝があります。

川上村が設置した看板には、日本書記、古事記に収められた故事が書かれています。

蜻蛉の滝

「21代雄略天皇（418－479）がこの地に行幸の際、狩人に命じて獣を馳り、自ら射ようとしたとき、突然大きな虻が飛んできて、天皇の臂に喰いついた。ところが、何処からともなく蜻蛉が現れその虻を噛み殺したので、天皇が大いにほめたたえ、これより、この地を秋津野と呼ぶことになった。蜻蛉の名にちなんで、この滝を蜻蛉の滝と呼んでいる」

蜻蛉橋

　東武伊勢崎線谷塚駅の南西、埼玉県草加市谷塚仲町に辰井川に架かる**蜻蛉橋**(とんぼ)があります。周辺は宅地ですが、橋の近くには僅かながら水田が残っています。蜻蛉遺跡もあり古くから人が住んでいたようです。

　江戸時代には中谷塚村トンボ耕地とよばれ、沼田の地形を「ドブ」といいドブが転じて「トンボ」となり、トンボを漢字で表すときに蜻蛉となったようです。

蜻蛉橋（草加市）

　東武東上線武蔵嵐山駅の北西、埼玉県比企郡嵐山町むさし台3丁目に小さな**蜻蛉橋上緑地**(とんぼ)（公園）があります。

　現在は造成され住宅地となっていますが、かつては低湿の地で大雨がある度に道に水が溜まって住民の往来を悩ましたようです。

　江戸時代は志賀村で、明治元年（1868年）の字(あざ)のひとつに蜻蛉橋(とんぼ)が見られます。水はけの悪い水田は、ドブ田、ドンブと呼ばれ、村人はトンボのことを方言でドンブと呼ぶのでドンブ橋を蜻蛉橋と当て字にしたようです。

蜻蛉橋（嵐山町）

　西武池袋線秋津駅の西、埼玉県所沢市北秋津に柳瀬川に架かる**とんぼ橋**があります。橋の南側は東京都東村山市秋津町です。

　橋の名称は北秋津にある日月(じつげつ)神社の「とんぼのやどり木」伝説に由来しています。

　「昔、無理なことばかりいう殿様が、日月神社に来た時家来に自分の年の数だけとんぼをとるように命じた。しかし一匹足りず、怒った殿様はトンボを握りつぶし、ご神木に向かって、お前が本当に神ならば証拠を見せろと投げつけた。するとご神木のケヤキの股からエノキがすくすくと生えて、驚いた殿様はその時から口がきけなくなった」

とんぼ橋（所沢市）

またこの地の秋津は、元々の阿久津（荒れた河川の洲）が転訛したとの説もあります。古来よりトンボのことを「あきつ」と呼んでいましたので、この伝説も秋津の地名に触発されて生まれたのかもしれません。

赤とんぼ橋

名鉄犬山線下小田井駅の北東、庄内川に架かる名古屋市高速6号清須線に赤とんぼ橋があります。

平成19年（2007年）に完成し、長さは294m、東は名古屋市、西は清須市ですが歩いて渡ることはできません。

橋の名称は一般公募で選定されましたが、赤く塗られたケーブル部分がスマートな形状で赤とんぼの羽根を連想させます。

赤とんぼ橋

蜻蛉尻

京阪本線石清水八幡駅の南東、防賀川の河畔に**蜻蛉尻**(とんぼじり)のバス停があります。住所は京都府八幡市内里蜻蛉尻です。周辺には戸津蜻蛉尻、下奈良蜻蛉尻もあります。

阿賀川下流は江戸時代には蜻蛉尻川と呼ばれていました。一帯は遊水地が多く川は曲がっており増水で川幅が膨らむとトンボのお尻のような形になったので蜻蛉尻川と言われたそうです。

蜻蛉尻バス停

京福電鉄嵐山本線有栖川駅の南、有栖川付近に京都市右京区**嵯峨蜻蛉尻町**(さがとんぼじりちょう)があります。昭和6年（1931年）に町名がつきましたが、L字型をした町域がトンボが水面に産卵する姿に似ていることに由来するとの説があるようです。

蜻蛉池

阪和線下松駅の南東、大阪府岸和田市三ヶ山町に広大な府営蜻蛉池公園があります。

この周辺は昔から多くの溜池がつくられ農業用水などに利用されてきました。蜻蛉池は「タンボ池」「ドンボ池」と言われ江戸時代に語呂のよい「トンボ池」になり、当て字として蜻蜓池、蜻蛉池となったようです。

蜻蛉池

蜻蛉山

東北本線須賀川駅の西に福島県須賀川市大桑原字蜻蛉山(せいれいやま)があります。

旧大桑原村の字蜻蛉山は村の北側にありその境を隣村の旧袋田村への道が通じています。福島の方言で入口を「とんぼ」「とんぼぐち」と言い村の入口にあるので「とんぼやま」と呼んだそうです。

「とんぼやま」が漢字の「蜻蛉山」となり、音読みの「せいれいやま」となった経緯は不明です。

蜻蛉山付近

コラム　蜻蛉切

本多忠勝像（岡崎市）

トンボは勝虫と呼ばれ戦国武将の兜の前立にもなっています。トンボは前へしか進まず不退転だからと言われていますがホバリング、宙返り（トンボ返り）もするのでこの説はいかがなものかと思います。

大型のトンボはハチやアブなども捕食しますので攻撃性のある強い昆虫であることは確かです。

徳川四天王のひとり本多忠勝（1548－1610）は、現在の愛知県岡崎市で生まれました。生涯合戦で一度も負傷しなかったと伝えられています。

その愛槍が「蜻蛉切」です。二丈余（6m）の長槍でしたが、その由来については、槍の穂先が鋭く、飛んできたトンボが当たって二つに切れた、槍術に優れ一度槍を振れば乱舞する蜻蛉を切り落としたとの説があります。

蟋蟀、螻蛄

バッタ目

　バッタ、キリギリス、コオロギ、ケラ類などバッタ目（直翅目）は、世界では約27,000種、日本では約440種がいます。
　このうちコオロギ（蟋蟀）類はキリギス亜目コオロギ上科コオロギ科に属し世界では約3,000種、日本ではエンマコオロギ、ツヅレサセコオロギなど31種がいます。
　蟋蟀は音読みで「シッシュツ」、訓読みで「こおろぎ」です。和名の「こおろぎ」はコホロと鳴く虫が語源です。漢字で蛼（シャ）とも書きます。
　「枕草子」第四三段では「虫はすずむし。ひぐらし。蝶。まつむし。きりぎりす。はたおり。われから。かげろう。ほたる。……」と趣深い虫をあげていますが、きりぎりすは現代のコオロギ、はたおりはキリギリスのようです。

　コオロギの鳴き声は、夜間に認識できますがあちこち棲息し季節性もあるので昼間に必要とする地名にはなり難く、こおろぎの付く地名のオリジンは別にあると考えたほうが妥当と思います。

　ケラ（螻蛄、螻）類はコウロギ上科ケラ科ですが日本ではケラ1種がいます。螻は音読みで「ロウ、ル」訓読みで「けら」です。和名の「けら」は足で土を蹴ることが語源です。一文無しを「おけら」と言いますが、大きな前脚を広げる様が由来のようです。

こおろぎ町

　北陸本線加賀温泉駅の南、石川県加賀市山中温泉こおろぎ町があります。
　江戸時代からある大聖寺川に架かる総檜造りの「蟋蟀橋（こおろぎ）」が町名の由来です。
　古くは森林深く、岩石も多く、行路は極めて危険だったので「行路危（こおろぎ）」と言われたという説があります。また、後付けと思われますが秋の夜に可憐に鳴くコオロギに因むとの説もあります。

蟋蟀橋

こおろぎ橋バス停

香炉木橋

秋田駅の北西、秋田市寺内大小路に香炉木橋があります。

現在はコンクリートですが江戸時代には香木の伽羅で作られていたとの民話があり伽羅橋とも呼ばれています。

香炉木橋

『昔、港に大阪の船が入り一人の船乗りがその橋の上でたばこを吸って、煙管の火をポンと欄干の上に置いたらいい香りがしました。「あの橋の材料は伽羅木ですね」と船長に言うと、さっそく船長は村長の家に行きました。「橋を架け替えてあげたいがいかがかな」すぐに立派な橋ができて、村人は皆喜びました。船長は橋の古い材料を残らず船に運ばせ大阪に持ち帰り、高値で売り長者となりました』

こほろぎ橋

阪急電鉄神戸本線夙川駅の北西に夙川に架かる「こほろぎ橋」があります。

兵庫県西宮市大井手町と相生町を結ぶ優雅な石橋で、付近は夙川河川敷公園となっており桜の名所です。

昔、橋の傍らにあったご神木、すなわち「神の木」に由来するとの説があります。

こほろぎ橋

口論義

リニモ（愛知高速交通）東部丘陵線長久手古戦場駅の南、愛知県日進市北新町に東、西口論義があります。北は長久手市と接しており西口論義には愛知県口論義運動公園があります。

山論（山野の境界や利用をめぐる争論）があった場所との説や、天正12年（1584年）に羽柴軍と織田・徳川連合軍の小牧長久手の合戦で武将たちが口論した場所との説があります。昆虫のコオロギとは関係ないようです。

口論議運動公園バス停

蜷

　長野県安曇野市豊科田沢、光城山の西に**蜷**(こおろぎ)集落がありました。

　地すべりもあり現在住居はありません。地名の由来についての伝説があります。「木曽義仲の家来が敗走、休息中、突然コオロギの鳴き声がやんだので追っ手に気付き難を逃れた。落武者はこの場所に住むことにして、こおろぎと名付けた」

　江戸時代には「かう路ぎ、可うろぎ、光郎木」などとも書かれました。

　昆虫のコオロギ以外のオリジンがあり蜷に転訛してから伝説が生まれた可能性もあると思います。

蜷集落跡

蜷地すべり対策工事看板

螻道

　武蔵野線市川大野駅の北に**螻道**(けらみち)がありました。現住所は千葉県市川市大野3丁目付近ですが、梨園、霊園、グランドが広かっています。すぐ北側は松戸市になります。

　市川大野駅の南東の市立第五中学校の敷地内に大野城址があります。平将門（903－940）が築いたとの伝説もありますが、戦後の調査では戦国時代の城のようです。

　螻道の由来は、家来がお城に通った道「家来(けら)道(みち)」が螻道に転訛したようです。

螻道付近の地図
（⬅は加筆）

　大分県中津市本耶馬溪町に**螻川内川**(けらかわうちがわ)があります。川の水面に接する斜面（ケラバ）が由来との説があります。

スズムシ（鈴虫）、マツムシ（松虫）はバッタ目キリギリス亜目コオロギ上科マツムシ科に属しています。マツムシ科は世界では約1,000種、日本では20種がいます。

現代では「リーン　リーン」と鳴くのはスズムシで、「チンチロリン」と鳴くのがマツムシですが、平安時代は逆だったとの説があります。

スズムシの語源は鈴の音のような鳴き声、マツムシは松にそよぐ風の音、美しく鳴くのを人が待つ、待虫との説があります。

江戸の庶民にとって秋の虫の鳴き声を聴きに出かけることは楽しみのひとつでした。「東都歳事記」（天保9年1838年）には虫聴きの名所として真崎（南千住）、墨田川東岸、王子辺り、道灌山、飛鳥山辺り、三河島辺り、お茶の水、広尾の原、関口、根岸、浅草反圃が紹介されています。特に有名な道灌山はマツムシが多かったようです。

鈴虫壇

宮城県仙台市宮城野区の南宮城野公園の中に鈴虫壇の碑があります。

鈴虫壇の碑

「伊達藩時代、仙台城から姫君達が訪れ、緋毛氈を敷き紫のまん幕を張り、野がけの弁当に舌つづみをうち、すずむしの音を聞きながら野立のお茶を楽しんだという。その場所を人は鈴虫壇と言い……」と書かれています。

源俊頼（1055-1129）の歌「さまざまに心ぞとまる宮城野の　花のいろいろ虫の声々」にあるように宮城野は平安時代よりミヤギノハギやスズムシの名所だったようです。

仙台市は昭和46年（1971年）スズムシを「市の虫」に制定しましたが、環境省の「残したい日本の音風景100選」にも「宮城野のスズムシ」が選ばれています。

鈴虫荘

宮城県仙台市青葉区国見3丁目に鈴虫荘公園があります。伊達政宗が造営した国宝大原八幡宮の北側にあります。

公園付近は国見山の麓にあたり戦後、住宅地として開発され、秋にはスズムシの鳴く声を聴くことのできる恵まれた環境の地であったため鈴虫荘の住所表示でしたが、その後国見に変更されました。

松虫通り

　阪堺電車上町線松虫駅の西に大阪市阿倍野区松虫通りがあります。地名はこの地にある松虫塚に由来します。

　松虫塚については諸説があります。後鳥羽上皇（1180－1239）に仕えた松虫、鈴虫の二人の宮女が法然（1133－1212）に帰依して出家し、それを怒った上皇が法然を四国に流したことにより、松虫がこの地に庵を結び隠棲した所との説があります。

松虫駅

　また昔ある人が親友と二人で阿倍野の松原を通った時、親友が松虫の鳴く声に誘われてしばらく帰らなかったので、捜しに行くと友は草むらで死んでおり、この友を葬ったのが松虫塚との説もあります。謡曲「松虫」はこの地が舞台です。

松虫

　北総鉄道北総線、京成成田空港線印旛日本医大駅の北東に千葉県印西市**松虫**があります。

　印旛日本医大駅の副駅名は、松虫の地名から「松虫姫駅」になっています。江戸時代から明治22年（1889年）まで松虫村でした。その後合併し六合村、印旛村となり平成22年（2010年）印西市となりました。

松虫寺

　地名の由来はこの地にある松虫寺に因みます。

　聖武天皇（701－756）の皇女松虫姫（不破内親王）が病にかかり、夢のお告げにより都を離れこの地に下り薬師仏を祈願したところ病が快癒したので喜んだ天皇が一寺（姫寺、松虫寺）を建立したとの伝説があります。

　明治時代以前、現在の福岡市東区筥松2丁目、箱崎1丁目、馬出6丁目あたりの宇美川付近に**松虫**がありました。由来は、「澗地・毟る」、宇美川が北に急転し流水で川岸が毟りとられ谷、湿地帯（澗地）となった所で好字の「松虫」を当てたようです。

カマキリ（蟷螂）は、カマキリ目（蟷螂目）に属しますが世界では約2,000種がいます。日本ではカマキリ科のオオカミキリ、ハラビロカミキリ、ハナカミキリ科のヒメカマキリなど13種がいます。

カマキリ類は肉食性で昆虫や小動物を捕食しますが、体の小さいオスを体の大きいメスが共食いする場合もあります。

蟷螂は音読みで「トウロウ」、訓読みで「かまきり」です。

漢字の蟷螂は當郎（当たり屋の意）に由来します。車の轍が迫って来ても逃げようとしないからだそうです。和名の「かまきり」は、前脚が大きな鎌で切る姿（鎌切）との説があります。

カマキリは道端、草むらなどどこにでもいますし季節性もあるので棲息地が地名になることはないと考えられます。しかし特徴的な生態、形態から地名となることもあります。

大蟷螂町

名古屋臨海高速鉄道名古屋港線（あおなみ線）の南荒子駅の西、庄内川付近に愛知県名古屋市中川区大蟷螂町があります。

大蟷螂町の由来は、昔は海岸線にあり航行の目標として大灯籠が置かれたため地名となった説もありますが、本来棟梁から出た字音で熱田神社の宮大工が住んでいたのでそのまま村名となったという説が有力のようです。

江戸時代から明治22年（1889年）まで大蟷螂村、その後合併し一柳村、御厨村、荒子村、大正10年（1921年）名古屋市になりました。昭和57年（1982年）庄内川西岸の無人の河川敷部分だけが大蟷螂町として残り、他は大蟷螂を簡略した大当郎1～3丁目などになりました。橋名も大当郎橋となりました。

大蟷螂町付近の地図（名古屋市計画局）

大当郎橋バス停

蟷螂山町
とうろうやまちょう

　京都市中京区蟷螂山町は、四条通りから西洞院通を北に入った所にあります。

　祇園祭にカマキリのからくりを御所車に配した山鉾、蟷螂山を出す町内に因んでいます。

　祇園祭は八坂神社の祭礼ですが、貞観11年（869年）京の都をはじめ日本各地に疫病が流行したとき、災厄の除去を祈ったことにはじまります。

　ハイライトの山鉾巡行は7月17、24日に行われますが山鉾34基のひとつ蟷螂山について祇園祭山鉾連合会のWebには以下の紹介があります。

蟷螂山山鉾巡行

『蟷螂山は、「蟷螂の斧を以て隆車の隧を禦がんと欲す」という中国の故事にちなんでいる。その起源は南北朝時代で、足利義詮軍に挑んで戦死した当町在住の公卿、四条隆資（1292－1352）の戦いぶりが「蟷螂の斧」のようであったことから、渡来人で当町居住の陳外郎大年宗奇が卿の死後25年目の永和2年（1376年）、四条家の御所車にその蟷螂を乗せて巡行したのがはじまりといわれる。

　その後、蟷螂山は再三の戦火に遭うが、そのつど再興され、巡行を続けてきたのであるが、元治の大火（1864年）でその大部分を焼失してしまい、昭和56年、117年ぶりに再興された。

　蟷螂山の特徴は、かまきりと御所車の車輪が動くなど、祇園祭の山鉾としては、唯一のからくりが施されていることである。前懸、胴懸、見送は共に羽田登喜男作の友禅で、瑞苑浮遊図などがある』

蟷螂山山鉾からくり

蟷螂山町内

蟷螂窟

奈良県南部、吉野郡天川村洞川の山上川の河畔に蟷螂窟があります。

看板によると、この窟は修験道の始祖とされる役の行者が、山上岳の頂上に大峰山寺を建立した約1300年前、修験道の第一の行場として開かれ、天井の低い洞窟に腰を屈めて入る修験者の姿がカマキリの姿に似ていることから名付けらたそうです。狭い洞窟の内部は撮影禁止でした。

蟷螂窟

蟷螂峠

和歌山県日高郡日高川町高津尾と下田原の間に蟷螂峠（235m）があります。

旧道は曲がりくねった山道ですが、峠の下を平成13年（2001年）に完成した延長1,180mの「かまきりトンネル」が通っています。

名前の由来は、この峠を越えた人がカマキリを見かけたからとの説がありますが、カマキリはどこにもいたでしょうから別の由来があるような気がします。

蟷螂峠付近の地図

かまきり坂

上越線小千谷駅の北西、新潟県小千谷市片貝町に伝説があります。

「片貝から飯塚に向かう通り路にかまきり坂がある。その昔その坂付近に人の身の丈ほどもある大きなカマキリが住んでいて坂を通る人を襲い苦しめていた。ところがある寒い冬の日この大カマキリは雪に潰されて死んだ。それからというもの、この坂で怪我をすると鎌の形の傷口になり血は出ないそうだ。これを鎌鼬と呼んだが、大カマキリの祟りが残っていると言われている」

「かまいたち」は雪深い地方に多い現象と言われ、突然皮膚が裂けて鋭利な鎌で切ったような切り傷ができます。小旋風が起った時に、小さな砂粒で切りつけられる、空気中にできた真空に体内気圧と対外気圧のバランスを保とうとするため発症するなどの説があります。また、大きな鼬の妖怪の仕業とも言われています。

カメムシ目

セミ（蝉）はカメムシ目（半翅目）セミ上科に属します。カメムシ目はセミの他、カメムシ、アブラムシ、ウンカ、アメンボなどが属しますが世界では約107,000種、日本では約3,800種がいます。

このうちセミ類は世界では約3,000種、日本では36種がいます。

蝉は音読みで「セン、ゼン」、訓読みで「せみ」です。漢字の蝉は虫編に単ですが、単は薄いものをぱたぱたと動かすイメージがあるようです。和名の「せみ」の語源はセミセミ、センセンとの鳴き声、蝉の音読みとの説などがあります。

蜩、茅蜩の和名は「ひぐらし」ですが日暮れに鳴くことに由来しています。鳴き声から「かなかな」と呼ぶこともあります。

セミは昆虫の中では珍しく鳴き声で存在が認識できますが、昔はあちこちにいたでしょうし季節性があるので地名になるのは難しいと思われます。「狭い」の当て字が多いようです。

蝉の渓谷

上信電鉄下仁田駅から南西、南牧バスで30分程に蝉バス停があります。近くを流れる南牧川が急に狭まった美しい渓谷が「蝉の渓谷」です。

群馬県甘楽郡南牧村の教育委員会が設置した看板には以下のように書かれています。

『岩壁を作る岩石は、秩父層群のチャートは硬質の珪酸分に富んだ堆積岩で、硬さを持つ半面、衝撃に弱く砕けやすいという性質を持っている。そのため洪水時に河床を転がって来た大きな石が川底のチャートを砕きとり河床面を下げたと考えられている。この地の名称の「蝉」は、「狭水」の転訛と言われている』

蝉の渓谷

蝉バス停

蝉谷

　徳島県の中南部、那賀川上流に那賀郡那賀町木頭助字蝉谷(せみだに)があります。北西に剣山があり、西は高知県です。

　蝉谷集落は東蝉谷、西蝉谷の渓谷に挟まれた尾根にあります。

　明治時代は30戸程ありましたが現在は数戸に減少しています。集落には蝉谷神社があります。

　蝉谷の由来についての伝説があります。

　『源平合戦屋島の戦い（寿永2年1183年）で敗れた平家の落人が、蝉谷の北にある頂上が平らな窪地（平家平）で源氏との戦いに備えたが、標高が高く生活にするのに適せず蝉の鳴くところは麦が作れるという言い伝えにより住み場所を探し、この地を見つけ「蝉谷」と呼ぶようになった』

　地図を見ますと東、西蝉谷とも狭い谷のようなので「狭い谷」が「蝉谷」に転訛した可能性もあると思います。狭い谷が蝉谷になり、蝉に触発された伝説が生まれたのかもしれません。

蝉谷付近の地図

蝉谷神社

　和歌山県田辺市本宮町請川に蝉ヶ谷、宮崎県小林市の田代八重ダムの付近に蝉(せみ)の谷(たに)があります。由来は地元の人の話では蝉が多かったとのことですが、地形的にはいずれも狭い谷であり、狭い谷が蝉谷に転訛した可能性もあると思います。

蝉沢

　青梅線川井駅から多摩川支流の大丹波川の峡谷沿いに京王電鉄系の西東京バスの蝉沢バス停があります。

バス停の近くにある谷間が蝉沢で蝉沢橋が架かっています。橋の南は東京都西多摩郡奥多摩町川井、橋の北は奥多摩町大丹波です。

蝉沢は西側の山腹から流れ下って大丹波川に合流する小渓谷です。蝉沢の「セミ」の由来は「セム」「セメ」の当て字で「セム」には「ぎりぎりに近寄る、近づく、せまる」の意があるようです。さかのぼるのが難しい、行き止まりような渓谷が由来のようです。

蝉沢バス停

蝉堰

東北新幹線、陸羽東線古川駅の西、宮城県加美郡加美町門沢二ツ檀の鳴瀬川畔に蝉堰(せみせき)取水口があります。

蝉堰は万治３年（1660年）から約10年にかけてつくられた農業用隧道（トンネル）と水路でこの地域（宮崎）の新田開発が大きく進みました。

蝉堰取水口

堰の取水口は、鳴瀬川流域のなかでも最も川幅が狭い場所である「狭い渕」が訛って「セミッ渕」と呼ばれ、「セミッ渕」から水を引いていることから「蝉堰」と名付けられたようです。

蝉ヶ渕稲荷神社

日光線鹿沼駅の西、栃木県鹿沼市末広町に蝉ヶ渕稲荷神社があります。

正応年間（1288～1292年）の創建、祭神は豊受姫神ですが、稲荷様の使いであったという白蛇のおかげでこの付近では火や水の事故がないそうです。

境内はうっそうとした木立に囲まれ夏にはセミがけたたましく鳴いていたことから蝉ヶ渕と

蝉ヶ渕稲荷神社

呼ばれたようですが、水路の脇にあることから瀬見(せみ)が由来の可能性もあると思います。

蝉坂

　京浜東北線上中里駅の改札を出ると、すぐに**蝉坂**の標識があります。しばらく左側に大きくカーブした登り坂で、やがて直線となり左側は、上中里の住宅地、右側は細長い平塚神社の参道に沿いながら本郷通りまで300m程の坂道です。

　東京都北区教育員会が設置した標識には『明治時代初期の「東京府志料」では「或伝、攻坂ノ轉訛ナリト」と室町時代の平塚城をめぐる合戦を彷彿とさせるような坂名の由来を記しています』とあります。もともとは攻(せめ)坂(さか)でしたが、蝉の多い場所でもあり「蝉坂」が当て字になったと思われます。

蝉坂（北区）

　東急池上線洗足池駅から南東に10分程歩くと東京都大田区上池台3丁目の住宅地に**蝉坂**があります。長さ160m程のやや急な坂道です。

　大田区が設置した標識には「この坂の付近一帯をもとは蝉山といっていた。坂名の由来はこれによったらしい。付近に蝉山橋もある」とあります。

　昭和7年（1932年）の地図を見ると蝉山の小字名があり、等高線が詰まった丘陵地、小山だったようです。

蝉坂（大田区）

蝉

　東海道本線岐阜駅の北、長良川の金華橋を渡ると岐阜市南蝉1、2丁目があります。

　中世この付近を東山道（近世以降の中仙道）が通り、山道(せんどう)と呼ばれていたが、せんが当て字の蝉(セン)となり、さらに訓読みの蝉(せみ)となったとの説があります。

　また「せみ」は、せ（背）・み（接尾語）で長良川の旧流路にあった自然堤防の微高地を示すとの説もあります。

蝉バス停

茅蜩橋

富山県小矢部市の「あいの風とやま鉄道線(旧北陸本線)」石動駅の北東、小矢部川に架かる茅蜩橋(ひぐらしはし)があります。昭和59年(1984年)に開通しました。

茅蜩橋

万葉集の編纂に関わった大伴家持(718-785)は、天平18年(746年)に越中守として赴任、5年間滞在しています。

当時の国府は、小矢部川の河口近く現在の高岡市伏木にありました。家持が着任してすぐに国府公館で宴が催され、出席者の大目(だいさかん、国司の一役職)の秦忌寸八千島(はたのいみきちしま)が詠んだ歌に「茅蜩の鳴きぬる時は　女郎花　咲きたる野辺を　行きつつ見べし(万葉集巻十七)」があります。橋名はこの歌に因んで命名されました。

万葉集4,516首のうち473首は家持が作者と言われています。223首は越中で詠まれ、家持の部下の歌などを加えると337首が越中に関り「越中万葉」と呼ばれています。

万葉集は自然を題材にした歌がたくさんありますが、植物を詠った歌は多く1,500余首に及ぶと言われています。動物に関わるものも873首ありますが昆虫は少なく11種31首です。ヒグラシが一番多く9首、コオロギ7首、カイコ4首、ジカバチ、ハエ、ムシ各2首、ガ、セミ、ハエ、トンボ、ホタル各1首です。

空蝉橋

山手線大塚駅の西、東京都豊島区北大塚2丁目に山手線にかかる跨線橋、空蝉橋(うつせみはし)があります。

橋の近くにある出世稲荷神社の看板には以下が書かれています。

「当社は嘉永7年(1854年)の地図では空蝉橋の袂あたりにあったが大正初期に現在地に遷された。当時は枝ぶりの良い赤松があり夏ともなれば蝉の抜け殻が多くみられたので、橋の名を空蝉橋(うつせみばし)と名づけた」源氏物語の空蝉とは関係がないようです。

空蝉橋

関蝉丸神社（滋賀県大津市）

　小倉百人一首「これやこの行くも帰るも別れては知るも知らぬも逢坂の関」の作者蝉丸は平安時代前期の盲目の琵琶法師、歌人と言われています。

　蝉丸の由来は蝉歌（蝉のようにしぼり出して発声する歌）の名手であったとの説があります。

　東海道本線大津駅の南西に関蝉丸神社下社、上社があります。逢坂関跡近くには関蝉丸神社の分社となっている蝉丸神社があります。

　逢坂関は、京都から東海道、中山道を往来する際の重要な関所でした。関蝉丸神社は弘仁13年（822年）創建で旅人を守る坂神を祀ったことに始まりますが、蝉丸が逢坂山に住んでいたことから死後合祀されたとのことです。

　「これやこの……」の歌意は「旅立つ人も帰る人もここで別れ、知っている人も知らない人もここで出合う、その名も逢坂の関」ですが、会う者は必ず別れるという無常観を表しています。

関蝉丸神社下社

関蝉丸神社上社

蝉丸神社（大津市）

蝉丸神社（鳥取県米子市）

　境線富士見町駅近くの鳥取県米子市博労町に蝉丸神社があります。米子が蝉丸の終焉の地であるという伝説があります。

　この地を訪れた琵琶を背負った目の不自由な旅人が病に倒れ、自分が死んだならここに祠を建てて欲しい、村人が病にならぬよう守るからと言い息絶えたそうです。旅人の持ち物から蝉丸とわかり祠を建て蝉丸神社として祀ったとのことです。

蝉丸神社（米子市）

蝉丸の墓（福島県猪苗代町）

磐越西線猪苗代湖駅の北、福島県耶麻郡猪苗代町若宮酸川野、集落のはずれの大きなガマ石があり、その脇に小さな墓石と「小倉百人一首の歌聖　蝉丸の墓」の木標があります。

地元の方の話では『昔、吾妻山信仰の修験者がこの地の若宮八幡神社に逗留の際、蝉丸という立派な歌人のことをよく話をした。その修験者は病に倒れたが、その修験者を尊敬していた村人は「蝉丸の墓」として手厚く葬った』とのことです。

蝉丸の墓（猪苗代町）

蝉丸本人の墓ではありませんが、猪苗代の人々が貧しくとも超俗で清々とした蝉丸の暮らしぶりに強く共感し、その後も長く墓を守ってきたようです。

蝉丸の墓（福井県越前町）

北陸本線鯖江駅の西、福井県丹生郡越前町陶の谷の水田の一角の盛土に石塔があり蝉丸の墓と伝えられています。

宮崎村（現越前町）教育委員会の案内板には以下が書かれています。

『琵琶の名人蝉丸は諸国を流浪のはて越前に来て宮崎村にたどりついた。やがて病気になり村人に「私が死んだら七尾七滝の真中に埋めてくれ」と遺言して死んだ。その場所は本村陶の谷の郷で、現在三基の五輪の塔が並んでおり、その中の一基が蝉丸の墓と伝えられている』

蝉丸の墓の北西の舟場集落の近くに、蝉丸が舟でやって来たという伝説の小さな「蝉丸ノ池」もあります。

また蝉丸の墓の北に蝉口集落があります。江戸時代から明治22年（1889年）まで蝉口村でした。蝉丸が住んでいた、あるいは蝉丸の墓の入り口が由来との説があります。

蝉丸の墓（越前町）

蝉丸ノ池

蝉口バス停

ハチ目

　ハチ（蜂）はハチ目（膜翅目）に属しています。ハチ目は世界では120,000種以上、日本では約4,500種がいます。ハチ目の中でアリ類を除いたものがハチ類ですが世界では約111,000種以上、日本では約4,200種がいます。

　蜂は音読みで「ホウ」訓読みで「はち」です。漢字の蜂は先のとがった峰や鋒と同源で先のとがった毒針を持つ虫のイメージのようです。和名の「はち」は針刺、鉢持、羽霊等の語源説があります。

　蜂の付く地名は「鉢」「八」「端」の当て字が多いようです。鉢状の地形はお鉢を逆さにしたような凸状の地形とすり鉢状の凹地形があります。

　蓮は、古名で「ハチス」と呼ばれましたが花托の形状が蜂の巣に似ているためです。蓮は仏教と関りがあるため寺院が蜂巣と呼ばれることもありました。

　蜂は縁起のよい昆虫と見られており、当て字として使いやすく、蜂地名になってから、ハチに関わる伝説が生まれることもあるようです。

蜂城山

　中央本線勝沼ぶどう郷駅の南西、山梨県笛吹市一宮町に蜂城山（738m）があります。北西には中央高速道釈迦堂PAがあります。

　よく整備された登山道（参道）を1時間程歩くと頂上に着き、北側に甲府盆地を眺望できます。頂上には元禄14年（1701年）創建の蜂城天神社があります。

　蜂城山は中世の山城で、城が敵軍に囲まれた時、どこからとなく蜂の大群がやって来て、敵軍が散々に刺され敗走したことから、里の人が「蜂城」と呼ぶようになったとの伝説があります。

　しかし鉢を伏せたような山容に由来するとの説もあり、鉢が蜂に転訛し、蜂城となり伝説が生まれたと考えたほうが妥当かもしれません。

蜂城山

蜂城山頂上

蜂伏

　紀勢本線紀伊佐野駅の北西に和歌山県新宮市**蜂伏**(はちぶせ)団地があります。

　団地は45年程前に開発され、名称は公募されました。造成前はミカン畑や雑木林の丘陵地で地元では「鉢伏山」と言われていたそうです。鉢伏より親しみやすい蜂伏が団地名として採用されたようです。

蜂伏通りバス停

　埼玉県飯能市大字大河原（**蜂平**）は、お鉢を伏せたような凸地形が由来のようです。

　岩手県二戸市野々上字**蜂ヶ平**、神奈川県上野原市秋山一古沢（**蜂久保**）、長崎県松浦市福島町浅谷免（**蜂の底**）は鉢形（すり鉢）の窪地（凹地形）が由来のようです。

蜂ヶ沢

　三陸鉄道リアス線山口団地駅の北西、岩手県宮古市近内に**蜂ヶ沢**があります。近くには三陸自動車道の宮古北ICがあります。

　由来については、山口川の砂防ダムの近くに地元の地名研究家小島俊一氏が書いた看板があり「地元ではバズガ沢といい、村境のハシ（端）に位置したことから端の沢として考えてよい」との記述があります。

蜂ヶ沢（宮古市）

　篠ノ井線明科駅の北、犀川西岸の長野県安曇野市明科七貫に**蜂ヶ沢**があります。

　この沢の上流の崩落により下部に大規模な崩壊地が発達し天井沢となり、たびたび天井川による洪水が発生したようです。現在、天井川は砂防工事等で解消され蜂ヶ沢砂防学習公園となっています。

　地元の方の話として堆積物で鉢のような凸状になった沢が由来との説があります。

蜂ヶ沢（安曇野市）

蜂ヶ谷

　東海道本線清水駅の北西に静岡市清水区**蜂ヶ谷**があります。広い地域で静かな住宅地です。北側は山地、南側には東名高速道路が走っています。

　山原川沿いに天暦元年（947年）に創建された蜂ヶ谷八幡宮があります。

　戦国時代には鉢谷とも書かれ江戸時代から明治22年（1889年）まで蜂ヶ谷村でした。その後合併し飯田村、昭和29年（1954年）清水市になりました。

　鉢谷が蜂ヶ谷に転訛した可能性もありますが、「八幡のある谷」が由来との説もあります。

蜂ヶ谷八幡宮

　東京都町田市小川の**小川蜂谷戸公園**があります。蜂谷戸は八谷戸とも言われ、入り組んだ谷戸が由来との説があります。八は「多い」のたとえとして使用されることがあるようです。

　和歌山県紀の川市貴志川町高尾の**蜂ヶ谷**は、谷に岩が出ていて、その形が八の字に似ていていたためと言われています。

蜂尻

　東海道新幹線岐阜羽島駅の東に岐阜県羽島市竹鼻町**蜂尻**があります。住宅地で東に木曽川、西に長良川が流れています。

　鎌倉時代に鉢尻があり、江戸時代から明治30年（1897年）まで蜂尻村でした。その後合併し駒塚村、竹ヶ鼻町、昭和29年（1954年）羽島市になりました。地名の由来として輪中の輪端部に位置し排水路が二筋流れるすり鉢状の地形からきているとの説があります。

蜂尻バス停

　名鉄常滑線聚楽園駅の南東に愛知県東海市荒尾町**蜂ヶ尻**があります。標高20～30mほどの小高い丘で東海市立平洲記念館、郷土資料館、住宅などがあります。

　蜂ヶ尻を遠望すると付近の地形があたかも蜂の尻のように眺められたためとの説がありますが鉢状（凸状）の地形の可能性もあります。

東京都大島町泉津字小洞の**蜂の尻**は、三原山麓にできた寄生火山（側火山）で鉢のような形態の小山から鉢の尻と呼ばれ、蜂の尻に転訛したようです。

　蜂尻（蜂ヶ尻）は、愛知県、岐阜県など東海地方に多く見られますが、由来は鉢状（凸凹状）の尻（端）などが推測できますが不明です。

蜂ヶ島

　あいの風とやま鉄道線西高岡駅の北に富山県高岡市蜂ヶ島があります。

蜂ヶ島付近の地図

　国道8号線沿いの「道の駅万葉の里高岡」とその北側の水田地帯です。西に北陸自動車道高岡ICがあり、小矢部川が流れています。

　江戸時代から明治22年（1889年）まで蜂ヶ島村でした。その後合併し東五位村、昭和28年（1953年）高岡市になりました。

　「島」は海の中ではなく平地の微高地のことです。永禄年間（1558〜1570年）に地中から鉄鉢2個が発見され、「鉢の島」と称していましたが、いつしか蜂の島に転訛したと伝えられています。

コラム　虫の付く郵便局

　令和5年（2023年）12月31日現在、営業中の郵便局は全国で23,585局ありますが、このうち虫の付く郵便局は15局です。

　蚕桑（○山形県西置賜郡白鷹町）、蛍田駅前（○神奈川県小田原市）、豊中蛍池（大阪府豊中市）、高知蛍橋（○高知市）、四万十トンボ（○高知県四万十市）、美濃加茂蜂屋（○岐阜県美濃加茂市）、松本蟻ヶ崎（○長野県松本市）、豊橋大蚊里（愛知県豊橋市）、東蚊爪簡易（石川県金沢市）、虻田（○北海道虻田郡洞爺湖町）、下虻川（秋田県潟上市）、浅虫（○青森市）、大虫（○福井県越前市）、虫明（岡山県瀬戸内市）

美濃加茂蜂屋郵便局の風景印

　○については風景印がありますが、美濃加茂蜂屋郵便局は蜂のデザインはなく、名産の蜂屋柿、県指定重要文化財の蜂屋大仏です。

　また松本蟻ヶ崎郵便局は、蟻ではなくトンボ、常念岳など、浅虫郵便局は浅虫温泉、虻田郵便局は洞爺湖、縄文遺跡の土偶など、大虫郵便局は神事「鬼ヶ嶽火祭り」がデザインされています。

蜂屋

　高山本線美濃太田駅の北に岐阜県美濃加茂市**蜂屋町**、**蜂屋台**があり、中央に蜂屋川が流れています。

　平安時代末期から室町時代に蜂屋荘（荘園）があり、江戸時代から昭和29年（1954年）まで蜂屋村でしたが、その後合併し美濃加茂市となりました。

蜂屋川（美濃加茂市）

　蜂屋の由来は古い地名である中家(なかつや)が転訛した、鉢屋(はちや)の意で鉢の生産と販売をした家屋があった、托鉢僧の宿屋があったなどの説があります。

　干柿の「堂上蜂屋柿」が名産ですが、平安時代に朝廷に献上されたとの記録があります。その頃の貴族のことを堂上人と言ったそうです。

　草津線手原駅の北西に滋賀県栗東市**蜂屋**があります。

　江戸時代から明治22年（1889年）まで蜂屋村でした。その後合併し大宝村、栗東町、平成13年（2001年）栗東市になりました。

　蜂屋の地名は奈良時代に開基された蜂屋寺に由来するとの伝承があります。この地の栗の木に無数の蜂が群がるのを見た隆尊僧正がこの栗

蜂屋公民館標識（栗東市）

の木で仏像を彫り、寺を建てれば仏法が広がり栄えるだろうと蜂屋寺を創建しました。現在、蜂屋寺はなく明確な位置もわからないようです。

　東海道本線岐阜駅の北、長良川の東岸の市立岐阜小学校付近に岐阜市**蜂屋町**があります。狭い地域ですが、織田信長の家臣、蜂屋頼隆（1534-1589）の屋敷があったことに由来するそうです。

　愛知県知多郡南知多町師崎字蜂ヶ城に**蜂屋城跡**があります。南北朝時代の正平15年（1360年）藤原隆資の家臣、蜂屋光経が南朝強化のため築城したと言われています。

蜂ヶ崎

宮城県気仙沼市大浦に蜂ヶ崎(はちがさき)があります。

平成23年（2011年）の東日本大震災では気仙沼市には最大22.2ｍの大津波が押し寄せ大きな被害がありました。

蜂ヶ崎は気仙沼湾の南の最も狭い入口の東側にあります。南東には三陸自動車道の気仙沼湾横断橋（全長1,344ｍ）が架かっています。

蜂ヶ崎は別名「バタ崎」と呼ばれていますが、江戸時代には「ばちが崎」との記録もあります。岬（崎）の先端を「ハシ、ハジ、バシ、バタ」と呼んだことから「バチガ崎」が蜂ヶ崎に転訛したと言われています。

蜂ヶ崎付近の地図

蜂ヶ崎（右側）

蜂田

阪和線の津久野駅の南東、大阪府堺市中区八田寺町に蜂田(はちた)神社があります。創建年は不明ですが延喜式神名帳（927年）に記載のある古社です。

奈良時代の高僧、行基(はち)（668－749）の母は蜂田古爾比売(たのこにひめ)と言いますが、このあたりに蜂田連一族が住んでおり、蜂田神社は蜂田氏の先祖を祀っています。平安時代には蜂田郷の地名もあります。蜂田神社の北にある行基が創建した華林寺は蜂田寺とも呼ばれていましたが八田寺に転訛し、地名も八田寺になりました。

蜂田神社

宮城県柴田郡川崎町大字支倉字蜂田山(すがんだやま)は、「主君がいた所で主在田(しゅありた)の意味」との説があります。蜂の地元の方言は「すがり」で蜂を当てた可能性があります。

蜂前神社

　天竜浜名湖鉄道金指駅の南東、静岡県浜松市北区細江町中川に蜂前神社があります。

　延喜式神明帳（延長5年927年）に記載のある古社で応神天皇11年（280年）八ヶ前(はちがせき)の地に創建されたことから、蜂ヶ前神社と称したと言われています。

　蜂前神社には「おんな城主」井伊直虎（？－1582）の花押が記された唯一の文書が所蔵されています。

蜂前神社

蜂前寺

　東海道本線千里丘駅の南西、大阪府摂津市千里丘3丁目に蜂熊院蜂前寺(ぶぜんじ)金剛院があります。

　創建は古く天平勝宝年間（749～757年）に行基が開祖したと伝えられ味舌寺(ましたでら)とも言われた真言宗の寺院です。本堂の裏に蜂塚があり、摂津市教育委員会が設置した看板に、蜂前寺の由来が書かれています。

本堂裏の蜂塚

　『平安末期第75代崇徳天皇（1119－1164）の御代に賊徒蜂起し、官軍はこの討伐に向かったが逆に押され、これまでという時当山に駆け込み、蜘蛛の巣にかかった蜂を見て「もはや命運つきたり、この上はせめて蜂の命を助け善根を施さん、薬師如来よご照覧あれ」と蜂を助け、「ご本尊様、この度の討伐勝利を得ば、更に堂宇を林営し永く鎮守国家の道場と為さん」と誓い祈念したところ、それに呼応するが如く山内鳴動し数万の群峰出現して彼の賊徒を刺し、あるいは眼に入り、無牙にして追い払えりと。然れども歓喜のあまりこの由を速やかに奉上すべく去り、誓った堂舎の造営可ならず。供田若干を寄付せられたのみとある。その後も蜂の大群が盗賊から村人を救い、二度までも不思議な蜂の出現に本尊の霊験あらたかなるを知り、永くお加護を戴くため放光山味古寺は霊蜂山（現蜂熊山）蜂前寺金剛院と改称した』

蜂神社

　東北本線古館駅の南西、岩手県紫波郡紫波町陣ヶ岡に蜂神社があります。

　蜂神社の由来についての伝説があります。前九年の役（1051～1062年）で源頼義、義家は安部貞任と戦った際、夜陰に乗じて敵陣に近づき怒らせた蜂を袋に入れ敵陣投げ込みました。敵が混乱するところに攻め入り戦勝することができました。戦が終わるとあたりは蜂の死骸でいっぱいになりましたが、その死骸を集め丁寧に葬り蜂神社を建立しました。

蜂神社

　その後、蜂神社は八幡堂として村の鎮守社となりましたが、明治元年（1868年）旧社号である蜂神社に改称されました。

蜂穴神社

　高徳線昭和町駅の南、香川県高松市西脇町にある石清尾八幡宮の境内に蜂穴神社があります。地元では「蜂穴さん」とも呼ばれています。

　伝説では貞治元年（1362年）室町幕府の菅領細川頼之が伊予国の豪族河野氏を討つため、三島明神に戦勝祈願し出陣したところ、蜂の大群が河野の将兵に襲いかかり、頼之は勝利しました。讃岐に帰還した頼之はこの地に三島明神を祀り蜂穴神社と名付けたとのことです。

蜂穴神社

蜂巣

　栃木県大田原市蜂巣(はちす)は、大田原の市街地の東側、那須扇状地の台地、平坦地で水田が広がっています。

　江戸時代から明治22年（1889年）まで蜂巣村でしたが、その後合併し川西村、黒羽町、平成17年（2005年）大田原市となりました。

　蜂巣の由来については、平安時代末期の武将三浦義明（1092－1180）が九尾の狐狩をした時、当地に大きな蜂の巣を見つけたという説や那須与一の先祖の須藤貞信が、クモの巣にかかっている蜂を助けたという説があります。

　またこの地は扇状地扇端の湧水地帯であることから、湧水が鉢状にわいた砂地をハチスと呼び、蜂巣に転訛したとの説もあります。

蜂巣十文字バス停

　蓮の花托が蜂の巣に似ていることから、蓮を蜂巣と呼び蓮のある場所、寺院なども蜂巣と呼んだ例があります。

　佐賀県武雄市山内（蜂の巣）は昔この地に寺院（定林寺）があり、寺院のあった周辺を蜂の巣と呼んでいたそうです。

　茨城県常陸太田市上宮河内町の蜂巣は、西金砂神社の麓にある浅川沿いの小さな集落ですが蓮の咲いていた場所が由来のようです。

蓮の花托

　宮崎県日南市北郷町郷之原の広瀬川が蛇行する場所に蜂之巣公園があります。

　川岸の崖の宮崎層群（海成層）の基底礫岩の礫が抜け落ちた跡の穴が点在し、穴の様子が蜂の巣に見えるので蜂之巣岩と名付けられたようです。

蜂之巣公園

　島根県松江市美保関町片句にある蜂巣島は、出雲国風土記（733年）では鳩島とあります。ハト島、がハチ島になりハチス島（蜂巣島）に転じたそうです。

蜂須賀

　名鉄津島線青塚駅の北、愛知県あま市蜂須賀があります。蜂須賀は鎌倉時代からあり、江戸時代から明治22年（1889年）まで蜂須賀村でした。その後合併し美和村、美和町、平成22年（2010年）あま市になりました。

蜂須賀付近の地図

　蜂須賀は木曽川の氾濫によって生成された自然堤防の高台地に弥生時代後期（100〜300年頃）に人が住み始めたと言われています。

　蜂須地区には、豊臣秀吉に仕えた戦国武将蜂須賀小六正勝（1526−1586）の居館跡や蜂須賀城址があります。また蓮華寺寺叢は自然堤防に自生した常緑広葉樹林の保全地域となっています。

　蜂須賀の由来については、諸説があります。
1）川洲の端の地で「はちすか（端地洲処）」と呼んだ。
2）鉢形に窪んだ砂洲の地形から「はちすか」と呼んだ。
3）8つの塚があったので、「はちつか」が訛って蜂須賀となった。
4）木曽川により形成された砂地「須賀、スカ」の集落に蜂が多くいたことから蜂須賀と呼んだ。
5）毎年、夏になるとこの地域には黄蜂が出て村人を悩ませていた。そこに弘法大師が来られ、この蜂を自らの加持により塚に封じこめ、蜂の塚を築いた。以来、この地を蜂塚と呼んだが、それが訛って蜂須賀になった。

　地形から「はちすか」となり蜂須賀に転訛、蜂の字に触発されて伝説が生まれたと考えるのが妥当と思います。

蓮華寺寺叢の自然堤防

蜂須賀公民館バス停

蜂岡

京福電鉄嵐山本線太秦広隆寺駅の北に京都市右京区太秦蜂岡町、東、西蜂岡町があります。

太秦蜂岡町には創建推古天皇11年（603年）京都最古の寺院である広隆寺があります。山号は蜂岡山、蜂岡寺、太秦蜂岡寺とも言われ、本尊は聖徳太子、国宝弥勒菩薩半跏思惟像があります。太秦西蜂岡町には東映太秦映画村、京都撮影所があります。

広隆寺

蜂岡の由来は、「蜂」は仏教に関係する蓮、「岡」は広隆寺の位置が周囲から一段と高い段丘の先端部にあることから、「蓮の寺のある岡」（蓮岡）が蜂岡となったとの説があります。

蜂須神社

徳島線貞光駅の南、美馬郡つるぎ町貞光宮平に蜂須神社があります。貞光川が大きく湾曲した名勝「蜂巣崖」の麓にあります。

由来は背後の断崖に大きな蜂の巣があったこと、初代阿波藩主蜂須賀家政（1558－1639）が参詣したなどの伝説があります。

創建年は不明ですが「延喜式神名帳」に記載のある八十子神社に比定される古い神社で主祭神は八千矛命（大国主命）です。

蜂の巣が由来ならば、「蜂巣神社」でしょうし、蜂の巣は、自然界の風景の中では目立たないでしょうから、別の由来も考えられます。

「八十子」の「八」、この付近の地名の端山の「端」、川の湾曲した場所できた「洲（須）」もヒントのような気がします。「蜂須」に転訛してから蜂伝説が生まれたのかもしれません。

蜂須神社

ハチ目

　アリ（蟻）は分類上ではハチ目アリ科です。アリ類は世界では約10,000種以上、日本では約300種がいます。
　アリ類の特徴は女王アリを中心に巣の中で役割分担した集団生活をおくることで社会性昆虫と呼ばれています。シロアリも社会性昆虫と呼ばれていますが別のグループ、ゴキブリ目シロアリ科に属しています。
　蟻は音読みで「ギ」、訓読みで「あり」です。漢字の蟻は、虫偏に義で義理堅い真面目な虫の意です。和名の「あり」の語源は「あ」が「小」、「り」は助詞で小さい虫、歩く（あ・り・く）、穴に出入りするので穴入り（あ・ない・り・）などの説があります。
　蟻の付く地名は、「有、在」の当て字もありますが、アリの独特な形態、習性から連想した地名もあります。

蟻ヶ崎

　篠ノ井線松本駅の北、松本城の北西に長野県松本市蟻ヶ崎1〜6丁目、大字蟻ヶ崎、蟻ヶ崎台があります。城山の東側の裾野で坂の多い住宅、文教地域です。
　戦国時代からある地名で江戸時代から明治8年（1875年）まで蟻ヶ崎村でした。その後合併し深志村、分割して蟻ヶ崎村、合併して松本町、明治40年（1907年）松本市となりました。
　蟻ヶ崎1丁目にある町名碑には以下が書かれています。

蟻ヶ崎1丁目交差点

「蟻崎の名は中世から見られ、阿礼崎とも表された。阿礼は村を表す古語でアリ、アレは神が降臨することを意味すると言う。地名の由来は、盆地を見渡す突端の村という意味から付けられたと考えられる」
　昆虫マニアでもあった作家北杜夫（1927-2011）は、昭和20年（1945年）から3年間松本市県（あがた）にあった旧制松本高校（現信州大学）で過ごしています。「どくとるマンボウ青春記」には、疾風怒濤、食糧難の寮生活の記述が多いのですが、松本の風景は気に入っていたようです。
「春、西方のアルプスはまだ白い部分が多かった。三角形の常念岳がどっしりとそびえ、その肩の辺りに槍ヶ岳の穂先がわずかに黒く覗いていた。島々谷のむこうには乗鞍が、これこそ全身真白に女性的な優雅さを示していた。朝、アルプスに最初の光が映え、殊に北方の山々は一種特有のうす桃色に染まるのであった」

蟻尾山

　長崎本線肥前鹿島駅の南西、佐賀県鹿島市三河内に蟻尾山(ぎびざん)（192m）があります。麓の蟻尾山公園には陸上競技場、野球場などがあります。山頂には文正元年（1466年）大村藩主大村家徳が築城した蟻尾城(ありおじょう)跡があります。

　蟻尾城は有尾城、在尾城とも書かれました。有尾山、在尾山の当て字として蟻尾「ありお」となり、音読みの「ぎび」に転訛したようです。

蟻尾山看板

蟻川

　吾妻線中之条駅の北、群馬県吾妻郡中之条町大字蟻川があります。北西に蟻川岳（789m）、東に赤坂川、西に蟻川川が流れています。江戸時代から明治22年（1889年）まで蟻川村でした。その後合併し伊参村、昭和30年（1955年）中之条町となりました。

　村境に近い嵩山(たけやま)は昔、和利(わり)の嶽(たけ)と呼び、嵩山から流れ出て地内を通る川がワリ川と呼ばれており、ワリ川がアリ川になり蟻川になったのではないかと言われています。

蟻川岳

蟻ヶ原

　七尾線良川駅の南東、能登半島の中央部、二宮川の源流部に石川県鹿島郡中能登町**蟻ヶ原**(ありがはら)があります。

　江戸時代から明治22年（1889年）までは蟻ヶ原村でした。その後合併し越路村、鹿島町、平成17年（2005年）中能登町になりました。

　地名の由来は「石動山山腹に在る」原で、かつて有ヶ原(ありがはら)、在ヶ原(ありがはら)と記されていたようです。

蟻ヶ原地区工事標識

　和歌山県日高郡日高町志賀の**蟻島**は、平安時代中期から鎌倉時代には有島(ありしま)と呼ばれましたが、蟻島(ありしま)に転訛したようです。

蟻ヶ袋

　東北新幹線、陸羽東線古川駅の南西に宮城県大崎市三本木蟻ヶ袋があります。

　戦国時代からある地名で、中世大崎氏の家臣熊谷玄蕃の居城した蟻ヶ城がありました。

　江戸時代から明治22年までは蟻ヶ袋村でした。その後合併し三本木村、三本木町、平成18年（2006年）大崎市となりました。

　城山は鳴瀬川の対岸から蟻が北方に這うように見え、堤防が築かれる以前は鳴瀬川の流れが袋状に入り込んでいたので蟻ヶ袋の地名が生まれたようです。

蟻ヶ袋バス停

蟻ノ首

　予讃線詫間駅の西、香川県三豊市詫間町詫間に**蟻ノ首**があります。地元では「あんのくび」ともよび郵便局は「蟻ノ首」、バス停は「蟻の首」です。

　このあたりは海でしたが細長い洲でつながってしまい、その州の様子が蟻の首に似ていることが地名の由来と言われています。

　広島県庄原市西城町八島の**蟻腰城**は、城のあった小丘陵が蟻の腰を思わせ、城名となったと言われています。

蟻の首バス停

蟻之尾

　長野市信州新町山穂刈に**蟻之尾**があります。木材の接合方法で逆ハの字状（鳩尾型）の突起を「蟻」「蟻柄」といい、逆ハ状の穴を「蟻穴」と言います。蟻之尾の蟻は「蟻柄」のことで鳩尾形の先の広がった地形、尾は峰で急に高くなった断崖を持つ山の峰にある集落だそうです。

　行ってみましたが今一つイメージできませんでした。

　香川県三豊市山本町河内にある**蟻ノ股**も逆ハの字状（鳩尾型）の地形から名付けられたようです。

蟻之尾バス停

蟻の戸渡り

　長野市中心部から北西に直線で20kmほどに戸隠山（と　がくしやま）（1,904m）があります。古くから修験者の山として知られ麓には戸隠神社があります。戸隠神社奥社から八方睨みを経て頂上に向かう途中に両側が崖になっている場所が**蟻の塔渡り**（蟻の戸渡り）です。

　蟻の戸渡りは、狭い場所を蟻が一列に歩く様、尾根の狭い所、痩せ尾根のことでナイフブリッヂとも言います。危険な場所で修験者の修行場であった所もあります。

戸隠山蟻の塔渡り

　蟻の戸渡りは鳥海山（山形県飽海郡遊佐町）、雁戸山（宮城県柴田郡川崎町）、大戸山（福島県会津若松市）、霊山（福島県伊達市）、花房山（岐阜県揖斐郡揖斐川町）、笠置山（京都府相楽郡笠置町）など各地にあります。

蟻山坂

　南武線武蔵中原駅から南西に中原街道を進み千年交差点を越えると武蔵野台地の丘陵が始まり右側に狭い坂道（旧中原街道）があります。神奈川県川崎市高津区千年付近です。

　江戸時代は難所の狭い急坂で、人々が蟻の行列のように登っていったので**蟻山坂**と名付けられたと言われています。

蟻山坂

　秋田県雄勝郡羽後町飯沢字**蟻坂**は、「重荷を背負って、蟻の這うように上下した所」「蟻の通るような細い道」などの由来説があります。

　山形県鶴岡市田麦俣の六十里越街道にある**蟻腰坂**は、「人が蟻のように這って登らなければならない程の急坂」が由来と言われています。

　和歌山県新宮市熊野川町と奈良県吉野郡十津川村の境にある**蟻越峠**（283m）は「狭い尾根道を蟻の行列のように連なって歩いたから」と言われています。

蟻塚

　飯田線長篠城駅の南西に長篠城跡があります。天正3年（1575年）5月、武田勝頼（1546－1582）は約15,000の兵で長篠城を攻めましたが城主奥平貞昌はわずか五百の軍勢で猛攻に耐えました。「まもなく援軍が来る！」と大声で告げ処刑された鳥居強右衛門の話が有名です。

　長篠城の大手門跡の近く、愛知県新城市長篠字広面に蟻塚（蟻封塔）があります。長篠合戦の約200年後の安永5年（1776年）に建てられました。

蟻塚（新城市）

　ここは長篠合戦の戦死者を埋葬した所ですが、蟻の大群が出て村人を苦しめたため近くの医王寺の住職が碑を建て蟻を封じたそうです。塚の土をまいたり、小石を置くと蟻が家の中に入って来ないとも言われました。養蚕農家も蟻退治にそうしたかもしれません。

蟻塚長根

　男鹿線男鹿駅の北西、男鹿半島にマール（爆裂火口）の淡水湖一ノ目潟があります。

　湖の南側、八望台（展望台）に登る道沿いに男鹿市が設置した「菅江真澄の道　蟻塚長根」の標柱があり、側面には、以下記されています。

　「しばらく行くと蟻塚長根という場所があった。これは戦いのあとで折れたりした槍を埋めたことからついた地名であろうという。文化7年（1810年）年4月12日」これは江戸時代の紀行家、菅江真澄（1754－1829）の著書「男鹿の春風」の引用だそうで蟻は槍の当て字のようです。

蟻塚長根の標柱

　蟻塚と付く地名は、全国に10ヶ所程あります。日本産のアリはアフリカやオーストラリアのシロアリのような巨大な蟻塚は作らないのでランドマークにはなり難く、塚（小高い丘、墓など）のある場所、有塚、在塚が蟻塚に転訛したケースが多いと考えられます。しかしエゾアカヤマアリなどは小さな蟻塚を1ヶ所に多数作ることがあり、目立つことから蟻塚の地名の由来になった可能性もあります。

蟻通神社（大阪府泉佐野市）

阪和線長滝駅北西、大阪府泉佐野市長滝に蟻通神社があります。

創建は古く弥生時代中期（93年）、以前は熊野街道沿いにありましたが昭和19年（1944年）陸軍佐野飛行場建設のため現在地に移動しました。蟻通明神、有通神社とも呼ばれました。

蟻通神社（泉佐野市）

「枕草子」（1001年）は、唐より七曲りの玉に糸を通せという難題に蟻を使うといいとの老父の知恵を借りて解決した中将が蟻通明神だと縁起を紹介しています。

また熊野街道に近いことから熊野詣の様子が蟻の行列に見えた、あるいは熊野街道の「通りに在る」神社だったとの説もあります。

「貫之集」（900年代中頃）では、紀貫之（872－945）が蟻通明神の神域を騎馬のまま乗り込むと馬が倒れ、通りかかった宮司の進言で歌を献上すると馬が回復したとあります。

「かきくもり　あやめも知らぬ　大空に　ありとほしをば　思ふべしやは」

その宮司が蟻通明神の神霊で、謡曲「蟻通」はこの伝承がもとになっています。

蟻通神社（和歌山県かつらぎ町）

和歌山線笠田駅の南、和歌山県伊都郡かつらぎ町東渋田に合格祈願・知恵の神、蟻通神社があります。

神社の由緒には『天武天皇白鳳2年（673年）唐の高宗が日本国の知恵を試さんと七曲りの玉を献じ、これに糸を通せとの難題を掛けてきた。そこへ一人の翁が現れ、山蟻の腰に糸を結んでこれを玉の入口に入れ、出口に蜂蜜を塗った。蟻

蟻通神社（かつらぎ町）

は蜜の香りを慕って七曲がりの玉を通り抜け、見事糸を通すことができた。

翁に名を問うと「七曲りにまがれる玉の緒を貫きて蟻通しとは誰が知らずや」と一首歌を詠んで消え去ったと伝わっている。

依って神人とならんと、この年神号を蟻通と賜り志富田（渋田）荘の氏神として崇め祀った』とあります。

蟻通神社（和歌山県田辺市）

　紀勢本線紀伊田辺駅の西、和歌山県田辺市湊に知恵の神、蟻通神社があります。田辺市には熊野古道の重要な中辺路が通っていました。

　創建は天平神護元年（765年）で御霊牛頭天王社（ごりょうこずてんのうしゃ）といわれ湊の地主神として崇敬されていました。紀伊続風土記（文化3年1806年）には「蟻通明神社」と記されています。

　蟻通しの由来についての境内説明板を要約します。

蟻通神社（田辺市）

「はるか昔紀伊田辺に来た外国の使者が持ってきた法螺貝（七曲りの玉）に1本の糸を通すようにと難題を出しました。その時若い神様が、貝の口から尻までどんどん蜜を流し込み蟻に糸を結び貝の穴から追い込みました。蟻は甘い蜜を追って複雑な穴を苦もなく通りぬけました。これを見た外国の使者は、日本はやはり神国であると恐れその知恵に感服して逃げ帰りました。蟻によって貝に糸を通したお宮の神様を蟻通しの神と申し上げるようになりました」

　七曲りの玉に糸を通すという難題説話は3つの蟻通神社に共通してが伝わっていますが、各地にある姥捨伝説の中にも見られます。

蟻通

　近鉄大阪線榛原駅から南に奈良交通、東吉野村コミュニティバス50分程で蟻通のバス停に着きます。

　奈良県吉野郡東吉野村小にある丹生川上神社は地元で「蟻通りさん」と親しまれています。天武天皇4年（675年）創建され祭神は水を司る神「罔象女神」（みつはのめのかみ）であり、祈り雨の神として丹生川上雨師神社と言われていました。

蟻通橋

　平安時代末、現在の泉佐野市の蟻通神社を勧請し蟻通明神と呼ばれていましたが大正11年（1922年）蟻通神社から昔の社名である丹生川上神社に改称されました。

　神社の前に流れる高見川に架かる橋の名は蟻通橋となっています。

蟻の宮

　福知山線石生駅の北、兵庫県丹波市青垣町東芦田に高座(たかくら)神社があります。祭神は仲哀天皇、延喜式神名帳(延長5年927年)に記載のある古社です。別名「蟻の宮(いそう)」と呼ばれています。

　「蟻の宮」の由来は、高座神社由緒略記によると「昔旱魃の年に雨乞いの祈願をしていた村人が大きなアリが社殿から這い出て列を作っているのを見つけ、列をたどって行くとアリが窪みの所で消えてなくなっていた。窪みを掘り返してみると清水がコンコンと湧き出てきた」とあります。

蟻の宮

蟻無神社

　能勢電鉄妙見線妙見口駅の北、大阪府豊能郡能勢町野間稲地に蟻無宮(蟻無神社)があります。

　蟻無宮は承久2年(1220年)の創建で紀貫之の歌「手にむすぶ水にやとれる月影の　あるかなきかの世にこそありけれ」に由来するとの説があります。

　いつしか有無宮が蟻無宮となり、境内の土(蟻除御砂)を散布すると蟻が退散するご利益があると言われました。

蟻無神社

蟻無山

　山陽本線有年駅の北西、兵庫県赤穂市有年原の明源寺の裏に蟻無山があります。

　江戸時代の「播磨鑑」に「この山には蟻がおらずその土を持ち帰って別の土地に入れると蟻が生じない」と記されています。また蟻無山の民話があります。

蟻無山

　「古墳を造る時、重い石を背負った村人が蟻の行列を避けるため倒れてしまい役人に鞭で打たれた。これを見た蟻たちが心優しい村人が鞭で打たれるのを見たくないとよその山に引っ越したので、この山に蟻がいなくなった」

蟻乃神

　肥薩おれんじ鉄道阿久根駅の東、鹿児島県出水市野田町上名に「川平の巨石群」があります。

　溶結凝灰岩の大きな石が点在していますが、その中に周囲30m程の大石の下に馬頭観音を祀る川平観音（岩野観音）があります。

　傍らに蟻乃神（ありのかみ）の小さな石祠があり、古くはここの砂をもらって、蚕室に撒けば蟻の害から免れると信じられていたそうです。養蚕が盛んなころは大勢の参拝客が訪れたそうです。

蟻の神　＊7

蟻通稲荷神社

　磐越西線会津若松駅の北西、福島県会津若松市高野町柳川森台に蟻通稲荷神社（ありどうし）があります。

　村の伝承によると創建年は不明ですが江戸時代、この境内の土を採り自宅周辺に散布すると蟻が近寄らず、養蚕をするとき掃き立てたカイコの幼虫に蟻による害がないと言われ信達（福島盆地）の養蚕農家がわざわざこの土を採りに来たそうです。また近所の人の話では、この土を直接桑の葉にかけると蟻が上がってこないという話もあったようです。

　七曲り玉の蟻通伝説とは関係がないようですが、何故「蟻通」稲荷神社となったかは不明です。

蟻通稲荷神社

蟻除地蔵堂

　東北本線東福島駅の南、信夫山の北、福島市丸子町頭に蟻除地蔵堂（ありよけじぞうどう）があります。

　この地蔵堂にある石を借りて蚕室の床を叩くと蟻が逃げて被害を免れるとして養蚕をする多くの人に信仰されていたそうです。

　養蚕の重要な害獣はネズミですが、ネズミを食べる猫や蛇は猫神、蛇神として養蚕の神となっています。蟻も養蚕農家にとってはやっかいな害虫だったようです。

蟻除地蔵堂

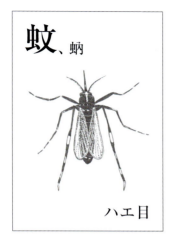

カ（蚊）は、ハエ目（双翅目）カ亜目カ科に属しています。

ハエ目はカ類の他、ブユ類、ハエ類、アブ類など世界では約160,000種、日本では約7,800種がいます。

カ類は、世界では約3,600種、日本ではイエカ属のアカイエカ、チカイエカ、ヤブカ属のヒトスジシマカなど約110種がいます。

カ類は不快害虫ですがマラリア、日本脳炎、デング熱などの感染症も媒介します。

蚊は音読みで「ブン」、訓読みで「か」です。漢字は虫偏に文で、文は細かくて小さいという意があるそうです。また「ブーン」という蚊の飛ぶ音に由来するとの説もあります。和名の「か」は噛む、痒いなどの語源説があります。

古代より人々は蚊に悩まされてきたはずで好字とは考え難いのですが、一文字であり使いやすかったのか「家」「萱」「火」「神」「川」などの当て字になっています。

ブユ（蚋）類は、カ亜目ユスリカ上科ブユ科で日本では約60種がいます。主に水のきれいな小川や渓流近くにいますが、かまれると激しい痒みや腫れがあります。

大蚊里

東海道本線豊橋駅の北東、豊川を渡り豊川街道に入ると大蚊里（おがさと）バス停があります。住所は愛知県豊橋市大村町大賀里（おがさと）ですがバス停や郵便局、公園、歩道橋は大蚊里となっています。

江戸時代から明治17年（1884年）まで大蚊里村、その後合併し大村、下地町、昭和7年（1932年）豊橋市になりました。

大蚊里バス停

地名の由来は、「土俗の傳に大蚊里は古く、貴人の住まはれしより王家里（おうがり）から轉じたもの」と言われています。大蚊里は、王家里の当て字ということになります。

また「昔、蝙蝠（こうもり）と見分けがつかないほどの大きな蚊がいて、村人の血を吸っていました。もともとこの辺りは、大刈村と言っていたそうですが、大きな蚊が棲むようになってから大蚊里（おがさと）になりました」との伝説もあります。王家里、大刈→大蚊里→大賀里と変遷したようです。

蚊焼

　長崎駅前から長崎バスで国道499号（ながさきサンセットロード）を南西に30分程で長崎市蚊焼(かやき)に着きます。野母半島中程の西海岸にあり東シナ海に面した入江の静かな集落です。釣り場としても人気があり、良質な蚊焼包丁が有名です。

　南北朝時代に茅木村があり、江戸時代から昭和30年（1955年）まで蚊焼村、その後合併し三和町、平成17年（2005年）長崎市になりました。

　「萱木(かやき)」とも表記されていました。カヤ（萱・茅）を焼いた跡地で焼畑農業が行われたとされ、本来は「カヤヤキ」が「カヤキ」に簡略化され蚊焼に転訛したといわれています。

蚊焼集落

蚊焼バス停

蚊斗谷

　横穴墓群の吉見百穴やうどんで有名な埼玉県比企郡吉見町に**蚊斗谷(かばかりや)**があります。東側は花見で有名な桜堤公園、西側は蚊斗谷配水場があり水田のあるのどかな集落です。

　江戸時代は蒲刈谷村(かばかりや)とも呼ばれ、明治22年（1889年）まで蚊斗谷村、その後合併し東吉見村、吉見村、昭和47年（1972年）吉見町になりました。

　もともとは蒲(がま)の多い原野を刈り取りして開墾したことから蒲刈谷だったようです。蒲計谷と書かれたこともありました。斗は計量の意味もあるので、計の当て字かもしれません。

蚊斗谷配水場

　愛知県北名古屋市法成寺町**蚊帳場(かやば)**がありますが、カヤが生える場所で蚊帳に転訛したといわれています。

蚊屋

　山陰本線と伯備線の分岐にある伯耆大山駅南側に、鳥取県米子市蚊屋があります。伯耆大山駅の住所も米子市蚊屋です。

　平安時代に会見郡蚊屋郷があり、江戸時代はこの一帯は、蚊屋庄と呼ばれていました。明治22年（1889年）まで蚊屋村、その後合併し巌村、昭和29年（1954年）米子市になりました。

　昔、この付近は日野川流域の湿地帯であり、蚊屋は萱野に由来すると言われています。

蚊屋島神社

　駅の北西、西伯郡日吉津村には**蚊屋島神社**があります。古くは蚊屋庄の産土神として崇敬を集めた神社で、日吉津大明神などと称されていましたが、明治元年（1868年）蚊屋島神社に改められました。島は微高地のことです。

下蚊屋

　伯備線江尾駅の東、東俣野川上流部に鳥取県日野郡江府町下蚊屋があります。木地師が開いたと言われる谷合の静かな集落です。

　江戸時代から明治22年（1889年）まで下蚊野村、その後合併し米沢村、昭和28年（1953年）江府町になりました。

　下蚊屋の下は「しも」ではなく「さがり」ですが、山腹に生い茂る萱の穂が垂れる様を表しているとの説があります。

　また後醍醐天皇（1288－1339）がこの地を訪れた際、村人が蚊屋（蚊帳）を吊って休んでいただこうとしたところ、「蚊は居ないから吊る必要はない」と言って下げさせたことから「下蚊屋」と呼ばれるようになったとの伝説もあります。

下蚊屋集落

下蚊屋バス停

蚊野

参宮線外城田駅の南に三重県度会郡玉城町**蚊野**があります。

江戸時代から明治22年（1889年）まで蚊野村、その後合併し東外城田村、昭和30年（1955年）玉城町となりました。

蚊野のカは火、山裾の傾斜地で焼畑農業が由来と言われています。古代からの神領で神官への貢祖地であり神納とも書かれていました。集落の中には、伊勢神宮皇大神宮の摂社、蚊野神社と蚊野御前神社があります。

玉城町蚊野公民館

近江鉄道本線愛知川駅の西の田園地帯に滋賀県愛知郡愛荘町**蚊野・蚊野外・上蚊野**があります。

江戸時代から明治22年まで上蚊野村、北蚊野村、蚊野外村でしたが、その後合併し秦川村、秦荘町、平成18年（2006年）愛荘町になりました。

古事記に大長谷皇子（のちの雄略天皇）が、従兄の市辺之忍歯王（いちのべのおしはのみこ）を近江久多綿の蚊屋野（かやの）に鹿狩りに誘い、射殺してしまう事件がありますが、この蚊屋野を蚊野に当てる説があります。また刈野、狩野、軽野が蚊野に転じたという説もあります。

愛荘町蚊野標識

蚊家

伯備線の新見駅の南西に岡山県新見市哲多町 蚊家（こうのいえ）があります。江戸時代から明治22年（1889年）まで蚊家村でした。その後合併し新砥村、哲多町、平成17年（2005年）新見市となりました。

蚊家の由来は、蚊家本村付近が本郷川の浸食により深いV字型の谷「峡谷（かいや）」であったため同音の「峡屋」となり、「蚊屋（かや）」に転訛、さらに「屋」が「家」となり「蚊家」を「こうのいえ」と呼ぶようになったようです。

蚊家バス停

蚊爪

　北陸鉄道浅野川線蚊爪(かがつめ)駅の北、浅野川の西側に石川県金沢市蚊爪町、東側に金沢市東蚊爪町があります。

　蚊爪町は、もともとは西加賀爪村でしたが元禄15年（1702年）西蚊爪村となりました。明治22年（1889年）に周辺の村と合併し潟津村となり昭和10年（1935年）金沢市蚊爪町になりました。

　地元では爪は端の意味があり加賀の端にある場所との説があります。

蚊爪駅

蚊谷

　名鉄豊田線日進駅の南の愛知県愛知郡東郷町和合に北蚊谷(かがや)、東蚊谷、南蚊谷があります。愛知用水が流れ、小さな蚊谷橋があります。

　住宅化による造成が進んでいますが丘陵に囲まれた水田の残る窪地です。「かが」はカケ（欠け）の転訛で崖のある谷間の地形が由来のようです。

北蚊谷バス停

蚊谷寺

　北陸本線鯖江駅の西に福井県丹生郡越前町蚊谷寺(かだんじ)があります。山合の静かな集落で水田が広がりタケノコの産地です。蚊谷寺という名の寺はありません。

　戦国時代に加谷があり、江戸時代初期は蚊谷村でした。天和2年（1682年）頃、蚊谷村には寺村、広野がありましたが、元禄時代に蚊谷寺村と広野村に分村しました。明治22年（1889年）まで蚊谷寺村でしたが、その後合併し宮崎村となり平成17年（2005年）越前町になりました。

蚊谷寺集落標識

　加谷→蚊谷＋寺村＝蚊谷寺村となったようです。

蚊沼

上信電鉄上信線の南蛇井(なんじゃい)駅の北に群馬県富岡市蚊沼(かぬま)があります。山、丘陵に囲まれており昔、低湿地、沼地があったことが想像できます。

江戸時代から明治22年（1889年）まで蚊沼村でした。その後合併し吉田村、昭和30年（1955年）富岡市となりました。

蚊沼の起源は古く、神代おいてタケミカヅチノミコト、フツヌシノカミの二神が諏訪の神を征した時、この邊を通過した際、神沼と言ったとあります。神沼が蚊沼に転訛したようです。

蚊沼集落

蚊居田

土讃線後免駅の南の水田地帯に蚊居田の沢城跡があります。東には高知龍馬空港があり南は土佐湾、太平洋です。この付近の住所は高知県南国市里改田です。

江戸時代から明治22年（1889年）まで里改田村、浜蚊居田村でした。その後合併し三和村、香長村、昭和34年（1959年）南国市となりました。

蚊居田は改田とも書き、改田は開田のことで新田を開いた場所です。蚊居田は開田、改田の当て字のようです。

蚊居田の沢城跡

蚊ノ足

福塩線の備後三川駅の北西、広島県世羅郡世羅町大字賀茂に蚊ノ足があります。

地元の伝承では、その昔、鹿が足を猟師に撃たれた場所が「鹿(しか)の足(あし)」と呼ばれていましたが転訛して「蚊(か)の足(あし)」となったそうです。

撃たれた鹿は傷を負いながら逃げましたが、その鹿が向かった先の地域は「行(いく)兼(かね)」と呼ばれ、鹿が「行きかねた（行く前に死んだ）」から来ているそうです。

また山に挟まれた細い谷筋で、地形的に蚊の足のようであることから「蚊の足」と呼ぶようになったとの説もあります。

小野蚊ヶ瀬

京都市営地下鉄東西線小野駅の北西に京都市山科区小野蚊ヶ瀬町があります。西側を山科川が流れ、北側に名神高速道路が通っています。

小野は小野小町が住んでいたという伝説があり、蚊ヶ瀬の蚊は川の意との説があります。

蚊ヶ瀬のバス停の近くには「日本最初の高速道路名神起工の地」の碑があります。

山科川

蚊口浦

日豊本線高鍋駅の東に宮崎県児湯郡高鍋町大字**蚊口浦**があります。北に小丸川、南は宮田川にはさまれた地域で東は日向灘です。

江戸時代初期から蚊口湊として栄え、明治22年（1889年）まで蚊口浦村でした。その後合併し高鍋村、明治34年（1901年）高鍋町になりました。

蚊口浦の海岸

小丸川の河口であることから川口の意味で「カワグチ」のワが脱落して蚊を当て字したと言われています。

岐阜県安八郡安八町に**東、西蚊塚**がありますが、蚊は川、塚は盛り上がった所が由来のようです。

蚊柱

北海道奥尻郡奥尻町、奥尻島の北西の海岸に**蚊柱岬**（かわしらみさき）があります。

蚊柱はアイヌ語で暗礁を意味するカパラシララに由来します。

渡島半島の爾志郡乙部町の豊浜、花磯、潮見付近は、江戸時代は「かはじら村」とあり明治35年（1902年）まで**蚊柱村**（かわしらむら）でした。こちらの由来も同様です。

奥尻町蚊柱岬付近の地図

蚊田の森

　福岡県糟屋郡宇美町に敏達天皇3年（574年）創建の宇美八幡宮があります。

　日本書記では応神天皇は「筑紫の蚊田で生まれた」とあり母親の神功皇后は「応神天皇を筑紫で生んだ。それゆえ、時の人はその産処を宇彌（う）とよんだ」とあります。

　宇彌となる前は蚊田の邑（村）と呼ばれていました。現在、境内のクスノキの一群は**蚊田の森**と呼ばれています。

蚊田の森（宇美八幡宮境内）

　福岡県の西部、糸島市川付にも宇美八幡宮があります。社名は宇美町の宇美八幡宮を勧請したことによります。この地も古くは筑前国怡土郡長野村**蚊田**と呼ばれていました。

　糸島市深江二丈にある鎮懐石八幡宮にも近いことから応神天皇の生誕地説のひとつになっています。

　鎮懐石八幡宮のご神体鎮懐石は神功皇后が三韓征伐の際、応神天皇の出産を遅らせるため持参したと伝えられています。

蚊田宮跡

　西鉄甘木線大城駅の北西、久留米市北野町稲数に蚊田宮跡の碑があります。

　神功皇后の三韓征伐の際、蚊田行宮が建てられ凱旋し戻ると、ここでにわかに産気ついて応神天皇を出産し、その後現在の糟屋郡宇美の宇美八幡宮の産殿に移られとの伝承があります。

　このあたりは古代には御井郡加駄郷と呼ばれ「筑紫の蚊田」の生誕地説の一つになっています。加駄は賀駄・賀太・加田・蚊田とも書かれましたが、当時の潟の地形に由来するとの説があります。

蚊田宮跡

蚊里田八幡宮

　長野駅の北、三登山の山麓、長野市若槻東条字蚊里田に仁平年間（1151〜1154年）創建の**蚊里田八幡宮**があります。

　ご神体は神功皇后が持参した鎮懐石と伝えられています。社名は怡土郡（現糸島市）の蚊田の里に因んでいるとのことです。

　長野県須坂市八町に**蚊里田八幡神社**がありますが若槻の蚊里田八幡宮より分祀されたものです。

蚊里田八幡宮

蚊田八幡神社

　北陸本線松任駅の南、石川県白山市今平町に蚊田八幡神社があります。住宅が点在する水田地帯にあり広い境内には大きなケヤキの木があります。

　天暦7年（953年）創建で総社八幡宮と称え近村の総産土神でしたが、江戸時代に今平地区だけの産土神となり明治5年（1872年）蚊田八幡神社となりました。

　蚊田八幡神社の由来は、その付近が竹藪で蚊田と呼ばれていた、祭神の応神天皇に因み蚊田としたとの説があります。

蚊田八幡神社

蚊喰

　外房線永田駅北側、千葉県大網白里市ながた野に**蚊喰踏切**（かぐい）があります。

　江戸時代は蚊食（かくらい）と呼ばれました。

　蚊喰の由来は、湿地で蚊が多かった、あるいは蚊喰鳥（こおもり）が多かった場所との説があります。

　熊本県玉名市横島町横島に**蚊喰原**（かくいばる）がありました。横島町は干拓地ですが、干拓作業の際に杭などで一定の地域を「囲う」（かこ）ことから「かくいばる」と呼ばれ蚊喰を当て字にしたようです。

蚊喰踏切

蚊無

　呉線安芸津駅の北東、東広島市安芸津町三津の蚊無川沿いに蚊無集落があります。

　蚊無の由来についての伝説があります。

　「その昔、旅の僧がこの地に滞在して、二ヶ月かかって千手観音を刻みあげました。

　その間、土地の人が蚊に悩まされていることを知り、自分の刻んだ観音様をこの土地の守り本尊として礼拝し、地名も蚊無と改めるがよいと言い残して立ち去りました。

　この僧が伝教大師（最澄767－822）とわかり、住民が熱心に信仰したので、この後、蚊のいない住みよいところになりました」

蚊無集落

蚊渕

　予讃線鴨川駅の北、香川県坂出市高屋町の雌山東麓に蚊渕集落があります。

　蚊渕の由来についての伝説があります。

　『弘法大師（空海774－835）が高屋にあった遍照院というお寺に滞在した時、信心深い夫婦が大師の世話をよくしました。

　夫婦は家の中に蚊が多いので落ち着いて経を読んだり座禅ができないので何とかして欲しいと大師にお願いしました。

　大師は願いを聞いて、家の中の蚊を戒めて川の渕に捨てました。その後、夫婦の家の中の蚊がいなくなりました。

　蚊を捨てた場所は「蚊渕」と呼ばれましたが、蚊がたくさん出るようになったそうです』

　川渕が蚊渕と当て字になってから、蚊に纏わる伝説が生まれた可能性も考えられます。

蚊渕付近の地図

　弘法大師が蚊を封じたという伝説は西日本各地にあります。昔の人々にとっても蚊はやっかいで不快な害虫だったのでしょう。

蚊坂

　那覇国際空港の東、沖縄県那覇市垣花町付近に蚊坂がありました。現在の国道331号線の旧道です。大正6年（1917年）から昭和10年（1935年）まで、垣花から糸満まで馬車軌道が走っていました。

　地名の由来は、坂の付近に住む人名または屋号（我謝）にちなんだ「我謝の坂」から転訛したとの説があります。

　また「その昔、沖縄には蚊がいなかったが、中国から持ち帰ってきた人がこの坂で転んでしまい蚊が逃げて琉球国中に広まった」との伝説もあります。

　蚊坂の南東の高台にある蚊坂公園からは、那覇市内や那覇港の夜景を見ることができます。

那覇港図（明治時代初期）

蚊坂公園

夜蚊坂

　福島駅の北に福島交通線飯坂温泉駅があります。飯坂温泉は東北屈指の古くからの名湯で、元禄2年（1689年）松尾芭蕉も訪れています。

　坂の多い街ですが48か所の坂の一つに、急勾配の夜蚊坂があります。

　昔、竹藪がうっそうと繁り藪蚊が多かったとの説や当時の城主が、罪人を夜蚊坂の場所で磔にして蚊に喰わせたとの説もあります。東北地方の方言では、蚊をヨガと言うそうです。

夜蚊坂

嫁ヶ島

　島根県にある宍道湖の東端、松江市嫁島町の沖合に浮かぶ小さな島「嫁ヶ島」があります。

　「出雲風土記」（天平5年733年）には、「蚊島（蚊のいる島）」と書かれており、蚊島（かしま）が嫁島（かしま）に転訛、さらに嫁ヶ島（よめがしま）になったようです。

　もともとは蚊のいる島でしたが、嫁島、または嫁ヶ島となり「嫁」の字に触発されて伝説がいくつか生まれたようです。

　「昔、姑にいじめられた嫁が水死、一夜のうちにその嫁を乗せて島が浮き上がったので嫁ヶ島となった」

　「姑にいじめられた嫁が、寒中に湖の氷の張りつめた上を渡って島の弁財天にお参りをした際、氷が割れて湖に落ちて死んでしまったので嫁ヶ島になった」などです。

嫁ヶ島

蚋橋

　茨城県常陸太田市松平町（旧久慈郡水府村）に蚋橋（ぶゆばし）がありました。道路改修で暗渠となり、現在川や橋はありませんが「蚋橋碑」が建っています。

　碑の横にある看板には「永承年間（1046～1053年）源義家が奥州の安倍頼時、貞任を攻め、この橋まで進軍したところ、蚋の大群におそわれ行く手をはばまれ、やむなく真弓山まで軍を戻して再挙をはかった」と由来が記されています。

蚋橋碑

虻、蠅
ハエ目

アブ（虻）はハエ目ハエ亜目アブ下目に属しています。「虻蜂取らず」アブとハチは似ていますが、ハチはハチ目で翅が2対4枚、毒針で刺しますが、アブは翅2枚、針はなく口器で皮膚を切り裂き吸血します。

アブ類は日本では約100種がいますが、人や家畜を襲う大型のウシアブ、アカウシアブ、山地の渓流近くにいて激しく人を襲う小型のイヨシロオビアブなどがいます。

虻は音読みで「ボウ」、訓読みで「あぶ」です。漢字の虻は虫偏に亡、亡は見えにくいことから、小さく見えにくい虫との意があるようです。和名の「あぶ」の語源は、「あ」は発語、「ぶ」は羽音との説があります。

アブの多い峠などはアブが由来となる場合もありますが、鐙、油、蛇、アバ（崖、暴、溢）などの当て字も考えられます。

ハエ（蠅）はハエ目ハエ亜目ハエ下目に属しています。ハエ類は日本では約3,000種いますがイエバエ、センチニクバエなどの衛生害虫は様々な病原菌を媒介します。

蠅は音読みで「ヨウ」、訓読みで「はえ」です。和名の「はえ」の語源は羽這、自然に発生するから生などの説があります。

下虻川、上虻川

奥羽本線大久保駅前の北に秋田県潟上市飯田川**下虻川**があります。街の中を豊川（虻川）が流れ下虻川郵便局、下虻川神明社があります。

江戸時代から明治22年（1889年）まで下虻川村でした。その後合併し飯田川村、飯田川町、平成17年（2005年）に潟上市となりました。

下虻川の南東、豊川上流部に潟上市昭和豊川**上虻川**があります。江戸時代から明治22年（1889年）まで上虻川村、その後合併し豊川村、昭和町、平成17年（2005年）に潟上市となりました。

下虻川（潟上市）

虻川はかつて油川、鐙川とも呼ばれました。

菅江真澄は「遊覧記」（文化8年1811年）に「虻川村のはずれに古川の流れがあり虻川という。ふるい名は鐙川といった」「いつの御代ことだったか高貴な人が来られた時、馬が急に走り出し渕に落ちて死んでしまった。馬にかけていた鐙が流れでたというので鐙川の名がついた」と記しています。

川の西岸丘陵部は原始時代から天然アスファルトを産する油田地帯であり油川の川名から転訛したとの説やアブカワ（溢川）で水はけの悪い川の意との説もあります。

虻川

　長野県下伊那郡豊丘村に天竜川水系の虻川が流れています。飯田線市田駅の南、天龍川と合流地点に虻川橋があり「土石流危険渓流」の看板があります。
　虻川の由来についての伝説があります。
　「鬼面山から流れ下り野田ノ平までの間の場所で、萩野という所があります。ある時、この辺りの虻の群れが二つに分かれて食殺しあいのけんかをしました。殺された虻は、みな川へ落ちて川の水も見えない程たくさんおし流れてきました。それから、この川が虻川と言われています」

虻川（豊丘村）

　アブは人や動物から吸血し、他の小昆虫などを捕食しますが、共食いはしないと思います。アブ（暴れる、溢れる）川が虻川に転訛し、伝説が生まれた可能性もあると思います。

虻川原

　奥羽本線及位（のぞき）駅の南に山形県最上郡真室川町及位虻川原があります。山々に囲まれた静かな山里の集落です。最上川水系鮭川支流の真室川が流れています。
　村略史では原始林の時代に河原に放し飼いの牛が、虻の大群に殺されたことから虻ヶ原（虻川原）と言われたとあります。洪水など溢れた川に由来する可能性もあると思います。

虻川原付近

虻川原バス停

虻峠

奈良県吉野郡天川村の中越と洞川の間を走る県道21線の旧道に**虻峠**（848m）があります。旧道の南には虻トンネル（延長275m）があります。

この峠は本来、鈴懸峠(すすかけとうげ)と言われていましたが虻が多いので虻峠になったと地元に伝聞があります。

山口県周南市大字金峰の**虻峠**は「アブ」（崩れやすい崖）の転訛との説があります。

虻峠（天川村）付近の地図

虻ヶ島

富山県氷見市姿の沖合に浮かぶ無人島に虻ヶ島があります。男島、女島の２つの島が連なっています。この島の伝説があります。

「虻ヶ島はもとは蛇ヶ島ともいい、島の中に淡水が湧き出る井泉は、石動山の焼尾にある蓮池に通じ、蓮池から表れる大蛇がときどき人々に害を与えていた。そこで、石動山衆僧がこの大蛇を斬り殺したところ、その頭部が飛んでこ

虻ヶ島（背景は立山連峰） ＊8

の島に落ち、尾は焼尾の地に落ちた。その後、島の沖を通る船が、たびたび難破した。これは、この大蛇のたたりではということから、蛇の字を虻に改めた」

虻羅

北海道の渡島半島の北部、日本海沿岸の久遠郡せたな町瀬棚区元浦に**虻羅**(あぶら)集落があります。

アイヌ語ではピリカ・モイ（良港の意味）、波静かで海面が油のようだったので和人が油(あぶら)と呼んだそうです。油が虻羅に転訛したようです。明治２～35年（1869～1902年）は虻羅村、その後合併し瀬棚村、瀬棚町、平成17年（2005年）せたな町となりました。

虻羅付近の地図

虻ヶ渕

　牟岐線阿南駅の南西、徳島県那賀郡那賀町花瀬に虻ヶ渕(あぶがふち)があります。

　木標に由来が書かれています。

「名勝虻ヶ渕　125kmに及ぶ那賀川のうちでも虻ヶ渕は、往年筏流し華やかなりし頃の難所であった。南岸の大岩の陰に虻が巣を作り虻がたくさんいたので虻ヶ渕と呼ばれた。昔は大蛇も生息していて蛇王権現が祀られていた」

　虻は蜂のように巣は作らないし筏からは虻の飛んでいるのは見えないと思われます。文献はありませんが、アブは崖地形で、アブヶ渕が「虻ヶ渕」に転訛した可能性も考えられます。

　また大蛇伝説は「虻」の漢字が似ていることから虻に触発され生まれた可能性もあります。

虻ヶ渕（左の崖）　*9

虻ヶ渕の木標　*10

虻田

　上信電鉄上信線上州一宮駅の北西、群馬県富岡市妙義町下高田に**虻田**があります。北に高田川が流れ、水田、畑、住居のある小さな集落です。

　古地図では油田、あふ田、阿ふ田、あぶたとも書かれています。油田は、神社の燈明の油費用に当てるための田のことです。油田が虻田に転訛したと言われています。また「あふ（饗ふ）」は食事のもてなしをするとの意味があり、あふ田は神を饗応するため、祭祀のための田だったとも考えられています。

虻田（富岡市）

上信電鉄上信線下仁田駅の北西、群馬県甘楽郡下仁田町中小坂にも**虻田**があります。

　由来について地元の話として「伝説のようなものだが虻田は他の部落より虻が多そうである。よほど昔から多いとみえて虻の化石が出るそうである。そんなところから虻田という名がついたと古老は語り続けているそうである」とあります。

虻田（下仁田町）

　下仁田自然史館の話では、虻田に出ている地層は、1600万年前の温暖な海の地層で大型有孔虫の化石は採れますが昆虫化石が出るような地層ではないとのことでした。

虻田郡

　北海道胆振地方に虻田郡があります。現在、郡市町村以上で虫の付く唯一の地名です。

　虻田郡は明治2年（1869年）に北海道開拓使の管轄で設置されました。明治時代から昭和13年（1938年）まで虻田郡の中に虻田村がありましたが、その後虻田町となり平成18年（2006年）洞爺村と合併し洞爺湖町となりました。

虻田郵便局

　虻田駅は昭和3年（1928年）に開業しましたが昭和37年（1962年）に室蘭本線洞爺駅になっています。現在、虻田の名の付くのは虻田郵便局、虻田神社、洞爺湖市立虻田小学校、道立北海道虻田高校、虻田洞爺湖インターチェンジなどがあります。

　虻田の由来はアイヌ語で「アプタペツ」で「釣針を作る川」、あるいは「ハプタウシ」で「ウバユリの球根掘りをいつもする所」と言われています。

　洞爺湖町の東に北海道白老郡白老町があります。白老町の由来はアイヌ語で「シラウオイ」で「虻が多いところ」との説があります。

蝿帽子峠

　岐阜県本巣市と福井県大野市の県境に蝿帽子峠（987m）があります。峠の北の大野市側には蝿帽子川が流れています。現在は国道157号線の温見峠がありますが、江戸時代は美濃と越前を結ぶ重要な峠道でした。

　元治元年（1864年）3月27日、筑波山で挙兵した尊王攘夷派の水戸浪士の天狗党は志を朝廷に訴えるため11月1日常陸の太子村を出発、1,000人以上の大部隊で京都に向かいました。

　中山道は幕府側の諸藩の追討が厳しくなったため、やむなく美濃から蝿帽子峠を越え、越前、若狭から京都に向かうルートを選択しました。

　12月4、5日厳冬の雪の中、大垣藩領の大河原村から馬、大砲とともに苦難の末奇跡的に蝿帽子峠を越え、越前大野藩領の下秋生村に到着しました。その後12月11日に新保（現在の敦賀市内）にたどり着きましたが、頼りにしていた徳川慶喜が追討軍の指揮をとっていたことを知り加賀藩に降伏しました。

　蝿帽子峠の「はえぼうし」は、這法師、這星、拝星、這保志、這越、這帽子、灰ホウジとも書かれましたが由来は諸説があります。

1）夏、峠に蝿が多かったので通行者は帽子を被ったから。蝿は虻のこと。
2）急坂であったため僧侶（法師）が這うように登ったから。
3）峠を這うように越えたから。

天狗党西上図（「義烈千秋」より）

蝿帽子峠山頂標識　＊11

蝿田

　三重県津市に明治7年（1874年）まで蝿田村がありました。由来は、古くこの地に志摩国伊雑宮を勧請した時、一羽の鶴が稲をくわえて飛来、翼を広げたところを羽間田といい、これが蝿田に転訛したとの説があります。

虫

虫、昆虫は節足動物門、六脚亜門、昆虫綱に分類されます。昆虫の数は世界ではコウチュウ目、チョウ目、ハエ目、ハチ目など28目約1,000,000種、全動物の約75%を占めています。昆虫は小型のものが多いので今後さらに新種が見つかり種数はさらに増えると言われています。日本の昆虫種は約41,000種が知られています。

虫は音読みで「チュウ」、訓読みで「むし」です。漢字の「虫」はもともとはマムシ（蛇）の形の象形文字で音読みは「キ」でした。

虫（蛇）とは別に昆虫などいろいろな小動物は蟲（チュウ）が使われていました。「虫」には蛇、マムシの意味と蟲の簡略体があります。和名「むし」の語源は湿熱の気が蒸して生ずるから、生、産の意で自然に発生するからなどの説があります。

「虫」の付く地名の由来は大きく分けて以下があります。1）麻の原料のカラムシの当て字　2）毟る、蒸す、伏すの当て字　3）虫送り行事に関わるもの　4）虫に関わる伝説

虫明

赤穂線伊里駅の南に岡山県瀬戸内市邑久町虫明（むしあげ）があります。瀬戸内海に面した風光明媚な漁港のある集落です。

平安時代からある地名で、江戸時代から明治22年（1889年）まで虫明村、その後合併し裳掛村、邑久町、平成16年（2004年）瀬戸内市になりました。

平清盛の父、備前守だった平忠盛（1096－1153）は、この地に立ち寄り「虫明の追門の曙　見る折ぞ　都のことも忘られにけり」と詠んでいます。

虫明の由来には諸説があります。
1）苧開（むしあけ）の意で、苧麻（カラムシ）を開墾、栽培した土地。
2）夏の夜の浜辺は海中の夜光虫が光り、その明かりが美しい。
3）船上の姫君が、おもわず「虫の垂衣（たれぎぬ）」を開けて美しい景色に見とれた。虫の垂衣はカラムシの繊維で織った薄い布。

虫明の朝焼け　＊12

虫の垂衣

唐虫

　常磐線磯原駅の北西、茨城県北茨城市華川町上小津田に**唐虫**があります。集落の中を流れる根占屋川には第一唐虫橋、第二唐虫橋、唐虫地区農村センターがあります。またこの付近には常磐炭田の唐虫炭鉱がありました。

　唐虫の地名がカラムシに由来するとの文献等は見つかりませんが、谷合の地でカラムシが生えていた可能性があります。

第一唐虫橋（北茨城市）

　大館能代空港付近に秋田県北秋田市脇神字**からむし岱**があります。大館能代空港の現住所は字からむし岱21-144です。この付近はほとんどが山林、原野、一部が水田でしたが造成され、平成10年（1998年）に大館能代空港が開港しました。からむし岱は、唐虫岱とも書かれカラムシの生える台地が由来と考えられます。

　秋田県横手市増田町狙半内（さるはんない）（**唐虫沢**）、福島県須賀川市狸森字**唐虫**、山形県寒河江市慈恩寺（**カラ虫**）、山形県西置賜郡小国町大字沼沢（**唐虫**）、山梨県山梨市西（**唐虫**）、山梨県南巨摩郡富士川町柳川（**唐虫久保**）、岐阜県加茂郡東白川村五加（**加良虫畑**）もカラムシ由来の可能性が高いと考えられます。

高虫

　東北本線蓮田駅の北西に埼玉県蓮田市大字高虫があります。西は伊奈町、桶川市、北は久喜市、白岡町に接し北側を元荒川、南側を綾瀬川が流れおり、やや高台にあります。

　江戸時代から明治22年（1889年）まで高虫村でした。その後合併し平野村、蓮田町、昭和47年（1972年）蓮田市になりました。

　高虫は「高苧」の当て字で、苧（カラムシ）の丈の高いものが繁茂していたとの説があります。また土地の古老の話として、昔、元荒川や綾瀬川が氾濫した時など湿地にいた蛇が台地であるこの地に集まったため高虫の名が起こったとの説もあります。

高虫バス停

虫野

　上越線小出駅の南、魚野川の東岸に新潟県魚沼市**虫野**があります。

　江戸時代から明治22年（1889年）まで虫野村、その後合併し伊米ヶ崎村、平成16年（2004年）魚沼市になりました。

　地名の由来は、野生のカラムシが自生した場所だったとの説があります。近くの南魚沼市、小千谷市はカラムシを原料とする越後上布（麻織物）の産地です。

虫野標識

　虫野の北東に魚沼市**原虫野**があります。寛永7年（1630年）に新田開発された場所で、由来については不明です。明治22年（1889年）まで原虫野新田でしたが、その後、伊米ヶ崎村となりました。

虫窪

　東海道本線大磯駅の北西の山間部、小田原厚木道路大磯ICの近くに神奈川県中郡大磯町虫窪があります。戦国時代からある地名で、江戸時代から明治22年（1889年）まで虫窪村でした。その後合併し国府村、国府町、昭和29年（1954年）大磯町になりました。

　由来についてはカラムシの生産地、あるいは虫送りをした場所との説があります。

虫窪バス停

虫幡

　成田線小見川駅の西に千葉県香取市虫幡があります。丘陵地と水田がある集落です。

　南北朝時代に虫幡郷があり江戸時代から明治22年（1889年）まで虫幡村でした。その後合併し神里村、小見川町、平成18年（2006年）香取市になりました。

　由来については「苧畑（むしはた）」の意でカラムシを植えた畑との説があります。また「毟（むし）る端（はた）」の意で台地の端の窪地との説もあります。

虫幡バス停

虫所山

　山陽本線廿日市駅の北西、山間部に広島県廿日市市虫所山(むしところやま)があります。

　江戸時代から明治22年（1889年）まで虫所山村でした。大虫、虫道、所山などの集落が合わさって「虫・所・山」村となったようです。その後合併し四和村、佐伯町、平成15年（2003年）廿日市市になりました。

　大虫川沿いの細い山道の奥に大虫(おおむし)集落があります。大虫の由来は、「苧(お)を蒸(む)す」で、カラムシの生える所との説があります。

虫所山付近の地図

虫所山標識

大虫

　北陸本線の武生(たけふ)駅の西に福井県越前市**大虫本町**、**大虫町**があります。

　江戸時代から明治22年（1889年）まで上、下大虫村、その後大虫村、昭和25年（1950年）合併して武生市、平成17年（2005年）越前市になりました。

　地名は大虫川沿いにある大虫神社に由来しています。垂仁天皇の頃にイナゴが大発生しましたが当社に祈願して退散消滅させることができたので大虫神を祀ったとされています。それ以前は大蒸神社と称していたようで大苧(おおむし)、大きなカラムシの生える場所だったとの説もあります。

大虫神社（越前市）

　京都府与謝郡与謝野町温江にも**大虫神社**、**小虫神社**がありますが、由来は不明です。

虫取

　南海本線泉大津駅の南に大阪府泉大津市虫取町１、２丁目があります。

　江戸時代から明治22年（1889年）まで虫取村でした。その後合併し穴師村、大津町、平成17年（2005年）泉大津市になりました。

　由来は「苧取」の意でカラムシから筵を生産していた場所との説があります。

コラム　カラムシ

　カラムシはイラクサ科ヤブマオ属の多年性植物です。本州、四国、九州、沖縄、中国、マレー半島などに分布しています。高さ１～２ｍ程になり、川岸や路傍、空き地などで普通に見られ夏に花が咲きます。

　漢字では枲・苧・唐虫と書き、アオソ（青苧）・チョマ（苧麻）・マオ（麻苧）・クサマオ（草麻苧）とも言われ、英語ではラミー(Ramie)と言います。苧は「う、お」とも読まれました。

　日本国内のカラムシは在来の野生種ではなく、古来中国から直接あるいは朝鮮半島を通じて移入されたものとする説があります。カラムシのカラは中国、「唐」由来のようです。

　カラムシは茎の表皮と木部との間にある靭皮から繊維（麻）をとります。同じように靭皮から麻原料を採るものにはカラムシの他、大麻（ヘンプ、クワ科）、亜麻（リネン、アマ科）、黄麻（ジュート、アオイ科）などがあります。

　日本では麻は狭義には大麻ですが、広義には大麻とカラムシで、江戸時代に綿が普及する前は、庶民の服装の原料は主に麻（大麻、カラムシ）でした。

　化学繊維が普及し、また輸入の大麻やカラムシが増え日本国内で栽培する大麻やカラムシは、現在僅かとなりましたが福島県の昭和村では、からむし織、小千谷縮や越後上布の原料のカラムシの栽培が続けられ、沖縄県の宮古、石垣でも宮古上布、石垣上布のためのカラムシ栽培が行われています。

　カラムシと同じイラクサ科の植物も麻の原料になります。北海道ではカラムシは気温の関係から生育はしませんが、エゾイラクサ、ムカゴイラクサから繊維をとりました。

　イラクサ科のアカソ、ミヤコイラクサ（アイコ）からも繊維が採れましたが、物資が不足した戦時中、政府はこれらを「野生苧麻」として採取、供出を求めました。

虫生

　総武本線横芝駅の北に千葉県山武郡横芝光町**虫生**（むしょう）があります。のどかな里山です。集落の中心部にある広済寺の仏教劇「鬼来迎」は、重要無形民俗文化財の指定を受けています。

　江戸時代から明治22年（1889年）まで虫生村でした。その後合併し南条村、光町、平成18年（2006年）横芝光町になりました。

　カラムシ（苧）が繁茂する土地を意味する苧生（むしふ）が虫生に転訛したとの説があります。

虫生（横芝光町）

　飯山線戸狩野沢温泉駅の北東に長野県下高井郡野沢温泉村大字**虫生**（むしう）があります。西には千曲川（新潟県に入ると信濃川）が流れています。

　江戸時代から明治22年（1889年）まで虫生村でした。その後合併し市川村、昭和31年（1956年）野沢温泉村になりました。

　慶長7年（1602年）の検地帳では耕地の約34％をカラムシ畑が占めていました。千曲川沿いの土壌が肥えた場所に作られたカラムシは上質な麻原料となりました。地名の由来はカラムシが多く生えていたので苧生（むしふ）が虫生となったと言われています。

虫生（野沢温泉村）

　東海道線本線野洲駅の北東に滋賀県野洲市**虫生**（むしゅう）があります。水田地帯の中の集落です。

　平安時代末期から鎌倉時代に虫生荘（荘園）があり、江戸時代から明治22年（1889年）まで虫生村、その後合併し中主町、平成16年（2004年）野洲市となりました。

　虫生の地名は、集落の中心にある虫生神社の祭神、蚕生神（虫生神）に由来すると言われて

虫生神社（野洲市）

います。神社の紋章は桑二葉です。また、泥土の堆積した、草木の繁殖がいい土地で蒸生（むしう）が虫生に転訛したとも言われています。

鹿児島本線遠賀川駅の南西、遠賀川支流の西川の西側に福岡県遠賀町**虫生津**があります。

　天正13年（1585年）には虫生津の地名があり、江戸時代から明治22年（1889年）まで虫生津村でした。その後合併し浅木村、遠賀村、昭和39年（1964年）遠賀町になりました。

　地名の由来ついてはいろいろな説があるようです。
　1）苧生津の意で、カラムシの生えていた川の渡し場。2）玉生津であったが玉と虫が似ているので虫生津となった。3）マムシが多くいた。

虫生津（遠賀町）

　天竜浜名湖鉄道敷地駅の北、敷地川上流部に静岡県磐田市**虫生**があります。

　江戸期時代から明治22年（1889年）まで虫生村、その後合併し敷地村、豊岡村、平成17年（2005年）磐田市になりました。

　この地はかつて鉱泉が湧き、江戸、明治時代は村中の家が宿屋を兼ねるほどかなりの湯治客があったようです。「蒸し湯」と呼ばれましたが、いつしか虫生に転訛したと言われています。

虫生（磐田市）

　長野県諏訪市に昭和初期まで上諏訪四湯の一つとして「**虫湯**」がありましたが、江戸時代は武士専用の蒸し風呂「蒸湯」の当て字として「虫湯」と呼ばれていたようです。

　滋賀県甲賀市**虫生野**は養蚕由来説、兵庫県豊岡市但東町**虫生**は人名由来説があります。新潟県上越市**虫生岩戸**、兵庫県川西市**虫生**の由来については定かではないようです。

　千葉県山武市**武勝**、福井県三方上中郡若狭町**武生**は、苧生（カラムシの生える場所）の転訛との説があります。

虫内

　北上線相野々駅の北西に秋田県横手市山内土渕字虫内があります。

　江戸時代の紀行家、菅江真澄は文政9年（1826年）この地を訪れていますが、旧山内村教育委員会が立てた道標には「真澄は、虫内の語源をアイヌ語のムシリ（岬）ナイ（沢）と推考し蝦夷人栖居し昔ぞ偲ばれたる」と書かれています。

　地元ではカラムシの生い茂っている平地が由来とする説もあるようです。アイヌ語ではカラムシなどイラクサ科の植物を「モセ」、川を「ナイ」と言うので、カラムシの多い川が由来の可能性もあります。

虫内踏切

虫掛

　常磐線土浦駅の北西に茨城県土浦市虫掛(むしかけ)があります。地内に虫掛神社があります。

　江戸時代から明治22年（1889年）まで虫掛村でした。その後合併し藤原村、昭和15年（1940年）土浦市になりました。

　地名の由来は「虫欠(むしかけ)」で蝉のヒグラシがいなかったとの説があるようですが疑問です。カラムシを掛けた場所の可能性もあると思います。

虫掛神社

夏虫山

　三陸鉄道線リアス線三陸駅の北西、岩手県大船渡市三陸町に夏虫山（717m）があります。なだらかな頂上からの眺望は素晴らしく三陸の海岸、太平洋を見渡すことができます。夏虫山一帯は、草地で放牧が行われていました。

　「ナツ」は、ナル（成）で緩い斜面、ムシは蒸しで草が生い茂る場所、「ナツムシ」は夏燻しで夏に焼畑をやっていた場所との由来説があります。

夏虫山

虫谷

　富山地方鉄道立山線五百石駅の南東、白岩川支流の虫谷川沿いに富山県中新川郡立山町**虫谷**があります。

　江戸時代から明治22年（1889年）まで虫谷村でしたがその後合併し東谷村、昭和29年（1954年）立山町になりました。

　寛平年間（889～898年）に当地を開墾、農業のかたわら楮の皮を蒸して生計をたてた者がいて「蒸谷」と呼ばれていましたが、いつのまにか「虫谷」となったとの伝承があります。楮はクワ科の植物で樹皮から布や紙の原料が採れます。

虫谷（立山町）

　福井県大飯郡おおい町名田庄**虫谷**は、鎌倉時代末期からあり木地師の集落でした。江戸時代から明治元年（1868年）まで虫谷村、その後虫鹿野村の一部となりました。由来は「生谷（蒸す谷）」の意で、草や雑木のはびこる谷間であったとの説があります。

　新潟県佐渡市小木（**虫谷**）、京都府南丹市日吉町田原口**虫谷**、島根県益田市匹見町匹見（**虫ヶ谷**）、島根県浜田市三隅町上古和（**虫ヶ谷・虫ヶ谷川**）がありますが由来は不明です。

浅虫

　青森駅から青い森鉄道（旧東北本線）で20分程に浅虫温泉駅があります。海沿いの有名な温泉地です。

　平安時代末期（1180年頃）法然が東北の地をまわった折、傷ついた鹿が湧き湯に浴するのを見て温泉を発見したという伝説があります。また室町時代後期作成の郷村帳には「麻蒸の湯」の地名が記されています。

浅虫温泉

　江戸時代から湯治場として栄えていましたが、天明8年（1788年）この地を訪れた菅江真澄は、畑の麻を蒸すのでしばしば火事になるので火に縁のある字を嫌って「浅虫」と改めたと古老から聞いています。

鳴虫山

　栃木県日光市の東照宮の真南に**鳴虫山**（1,104m）があります。山頂からは北に男体山、女峰山、眼下に日光市街が望めます。古くは大慙法岳とも呼ばれ修験者の修行場でした。

　由来については諸説があります。
1）鳴虫は「ナギ（薙）・ムシル（毟る）」の転訛。ナギは切る、落とすなどの意、ムシルはもぎ取られる意から崩壊、崩落地形の山である。
2）昔、ある山に「ネネ」と鳴く、怪しい虫「祢々虫」が出没して村人に危害を加えていた。ある日、二荒山神社の御神刀の大太刀がひとりで鞘をはらい、拝殿を飛び出し祢々虫を追いかけまわし退治した。祢々虫が棲んでいた山を鳴虫山、この大太刀を「祢々切丸」と名付けた。
3）この付近は、昔から雨模様の時は必ずこの山に雲がかかると言われた。子供が泣き出しそうな様と似ていることから、泣虫が鳴虫に転じた。

　栃木県鹿沼市にも**鳴蟲山**（725m）がありますが、由来は不明です。

鳴虫山（日光市）　　　鳴虫山頂上　＊13

虫倉山

　長野市中条の北に**虫倉山**（1,378m）があります。頂上からの眺望は素晴らしく北アルプス、戸隠連峰など絶景が楽しめます。

　弘化4年（1847年）の善光寺地震では南斜面が崩壊して山麓でも大きな被害がでました。

　由来について諸説があります。
1）虫は、毟られた、倉は谷、崖の意味から崩壊した地形のある山。
2）虫は、生す（ムシ）から青々とした植物の生い茂る山。
3）虫は、カラムシのことで、カラムシの多い山。

虫倉山には山姥（大姥様）伝説があります。この山の山姥は優しく「川や池で子供が溺れた時に、大姥様がとっと毛（丸坊主の後ろの一部の髪を伸ばす）を掴んで助けてくれた」「大姥様にお祈りすると子供の疳の虫を切ってくれ、子供が無事に育つ」などです。

　虫倉山付近の伊折、地京原、上平などに虫倉神社（大姥神社）があります。疳の虫を切るための小さな「虫切り鎌」を奉納しました。

　長野市の虫倉山の他に、長野県茅野市、長野県小県郡長和町にも**虫倉山**がありますが頂上の祠には、虫切り鎌が奉納されているようです。

虫倉山（長野市）

虫倉山頂上

虫亀

　上越新幹線、信越本線長岡駅の南東に新潟県長岡市山古志虫亀（むしかめ）があります。棚田と棚池（鯉の養殖池）が多い美しい風景の里山です。

　江戸時代から明治34年（1901年）まで虫亀村でしたが、その後合併し大田村、山古志村、平成17年（2005年）長岡市となりました。

　由来については諸説があります。

1）「ムシ」は（毟る）でもぎ取るの意、「カメ」は古語カミ（噛み）の転訛で浸食地形。
2）アイヌ語の「ムーシカイイ」（食べ物が豊かにある土地の意）あるいは「イシ（石）カムイ（神）」。
3）集落の北の入口に亀に似た石があり「イシガメ（石亀）」と呼ばれたが虫亀に転訛。

虫亀付近の地図

穴虫

　北陸本線大聖寺駅の北西、錦城山（大聖寺城跡）南麓一帯は**穴虫**と呼ばれていました。現在の住所は石川県加賀市錦町です。

　この地は北陸街道大聖寺関に近く、藩邸の南西側を固めるための重要な地であるため主要藩士の屋敷で占められていました。穴のように伏した窪地が由来のようです。

穴虫（加賀市）

　近鉄大阪線二上駅の南西に奈良県香芝市**穴虫**があります。大阪府との県境には穴虫峠があります。

　江戸時代から明治22年（1889年）までは穴虫村でした。その後合併し二上村、香芝町、平成3年（1991年）香芝市になりました。

　地名の由来については「穴（窪地）に伏す低地の地形」との説があります。

穴虫西バス停（香芝市）

　小海線乙女駅の西に長野県小諸市甲字**穴虫**があります。乙女湖公園北の繰矢川には穴虫橋が架かっています。現在は畑ですが、古代、穴で古器を焼いた、蒸した所、穴蒸しが穴虫に転訛したとの説があります。

　東海道本線荒尾駅の西、岐阜県大垣市矢道町に**穴虫**（はなむし）がありました。開発地の地名で「端（はな）の焼畑」が由来との説があります。

　滋賀県大津市若葉台の北に**穴虫池**、兵庫県姫路市大塩町に**穴虫池**、三重県亀山市辺法寺町に**穴虫の郷**がありますが由来は不明です。

穴虫橋（小諸市）

虫送

　長野電鉄須坂駅の北東に須坂市日滝**虫送**があります。北は千曲川水系松川を境に小布施町、東は高山村です。果樹園や工業団地、配水場などがあります。

　江戸時代、日滝虫送は周辺の村々からの出作地で、定住が始まったのは明治26年（1893年）のようです。

　日滝虫送での虫送り行事の記録はなく、地名の由来は不明です。

　長野県では各地で盛んに虫送り行事が行われていました。現在も長野市篠ノ井の犬石、東横田地区、茅野市豊平上古田地区、諏訪郡富士見町先達地区などで虫送り行事が行われています。

虫送入口バス停

　福島県二本松市初森本郷字**虫送り**は、明治時代中頃まで地区の人たちが総出で、鉦や太鼓をたたきながら、隣の三春町の境まで虫送り行事を行っていました。

　岡山県高梨市川上町高野市字**虫送り**は、かつて「土用虫祈祷」が行われ「実盛様人形を作り鉦や太鼓を打ち鳴らして回った。祈祷の模様は虫がついた作物を集め、台に載せて担ぎ回り、実盛人形と一緒に川に流した」そうです。

　広島県山県郡北広島町西八幡原の国道191号線に**虫送り峠**があります。明治時代初期まで八幡村の人々により虫送り行事が行われていました。

虫追

　山口線本俣賀駅の西、高津川の西岸に島根県益田市虫
追町（むしおうまち）があります。

　南北朝時代からある地名で、江戸時代から明治22年（1889年）までは虫追村でした。その後合併し中西村、昭和27年（1952年）益田市になりました。

　虫追の由来は大穴持尊（大黒主神）、大歳大明神などが田の虫退治に功があったことに由来すると言われています。集落には創建年は不明ですが、正清山虫追八幡宮があります。

虫追八幡宮

虫追塚前

国道4号線（奥州街道）に青森県三戸郡五戸町虫追塚前があります。北は十和田市です。虫追塚前と書かれたバス停などの標識はありません。

虫追塚は、虫追い（虫送り）行事の最終地点だったようです。五戸地方では「虫ぼい（虫追い）」といった男女二体の人形やのぼり旗を作り「悪虫追払候也」などと書いた紙を竹棒に吊るし、笛太鼓を鳴らし、「稲虫ほれやあい」と唱え田畑をまわり集落の境まで歩いたようです。

虫追塚前付近

虫神

青い森鉄道（旧東北本線）小川原駅の南西、青森県上北郡東北町大字大浦字家ノ浦に**虫神**集落があります。

集落の中心には虫神地区農村公園、集会所があります。

この地域は、夏になっても害虫が少ないので近村からうらやましがれたそうです。地元の人は、きっと虫から守ってくれる神様がこの村にいるに違いないと信じ、集落の名前を虫神としたそうです。

虫神（東北町）バス停

日豊本線宮崎駅の北西、宮崎県東諸県郡国富町大字須志田に**虫神**があります。

この地域では昭和60年（1985年）頃までは虫送りの行事が行われていました。安永5年（1776年）に建立された「昆虫神社」と凝灰岩に彫られた石碑（高さ37cm幅17cm）があり、虫神様と呼ばれていました。現在は大土神社の祭壇に合祀されています。地名は虫神様に由来しています。

昆虫神社（大土神社）　＊14

虫塚

　川越市の北、桶川市の西に埼玉県比企郡川島町大字虫塚があります。

　江戸時代から明治22年（1889年）まで虫塚村、その後合併し小見野村、川島村、昭和47年（1972年）川島町となりました。

　戦国時代に東西4.5m南北7.2m程の塚があって、虫塚と呼ばれ地名の由来と言われています。

　虫塚は害虫を葬り霊を鎮める場所でした。

虫塚（川島町）

虫塚橋

　中央西線瑞浪駅の北東、中央高速道路の跨道橋「虫塚橋」があります。

　橋名は近くの岐阜県瑞浪市土岐にある虫塚集落に由来しています。

　虫塚集落では、昭和30年代初め地域の中学生が竹や瓶を持って苗田のウンカを捕まえて回り歩く行事があったようです。この地の北東6km程にある瑞浪市釜戸町では現在も虫送り行事が行われています。

虫塚橋

虫塚神社

　予讃線土佐山田駅の北、高知県香美市土佐山田町泰山町1丁目に虫塚神社があります。

　土佐山田では町内各地で田植えが終わると虫送りが行われていました。

　「斎藤別当実盛、稲の虫ひしゃげた」などと言って鉦や太鼓に合わせて大声で叫びながら田をまわり、村外れまで送ってゆく風習が大正時代初期までありました。

　泰山町では虫送りの行列は戦後一旦復活しましたが、現在では旧暦の5月20日に虫塚神社の前で神事、お祭りのみが行われています。

虫塚神社　＊15

虫祭

　名鉄名古屋本線黒田駅の北に愛知県一宮市北方町曽根字**虫祭**があります。東側を東海道本線が走り水田と住宅があります。

　一宮市内には他に木曽川町黒田字**虫祭**、萩原町西御堂字**虫祭**があります。虫祭の地名の由来はいずれも「虫送り」行事で、かつては一宮の各地で虫送りが行われていました。

　一宮市の南西の木曽川東岸の稲沢市祖父江町では現在も「尾張の虫送り（祖父江の虫送り）」が県指定無形民俗文化財として毎年7月上旬に行われています。

虫祭（一宮市）

虫祭峠

　伯備線生山駅の南西、鳥取県日野郡日南町の鬼林山麓に虫祭峠があります。
虫祭峠の由来として民話があります。

　「与一という村人が、母親の病に効く薬湯を樽に担いで帰る途中で鬼が出てきた。与一がお地蔵さんに助けを求めると、お地蔵さんが現れ、頭に草鞋を乗せて隠れろと言われる。そうすると与一は、小さな草鞋虫に変身し助かる。それを聞いた名主が大きなお地蔵さんを建て草鞋虫を祀ったことから虫祭峠と呼ばれた」

虫祭峠

虫木峠

　広島市の北西、山県郡安芸太田町松原の国道191号線に虫木峠、虫木ノ峠（660m）があります。

　峠の下は虫木トンネルが通っています。昔、松原と峠の南側の板ヶ谷人たちが、虫送り行事でそれぞれ峠まで歩いて来て交流したので、「虫送りの峠」が「虫木峠」になったとの伝承があります。

　また昔は「虫切峠」と呼ばれ、この峠で虫がいなくなる（切れる）との地元の方の話もあります。

虫木峠付近の地図

虫尾

福知山線新三田駅の東、有馬富士の南山麓に兵庫県三田市大原に虫尾集落があります。

閑静な住宅地で入口には「虫尾郷」の大きな石碑が立ち、虫尾公園、虫尾公会堂（公民館）があります。

江戸時代、大原村に虫尾新田がありました。大原村の虫追い（虫送り）は鐘、太鼓とともに「実盛さんの御上洛、稲の虫はお供せい」と叫んで行列し、最後に村はずれの当地へ虫を追い払ったことから「虫追い山の尾」から虫尾となったようです。

虫尾郷の石碑

虫野神社

松江駅の北東の澄水山の山麓、島根県松江市福原町に虫野神社があります。

「出雲国風土記」（天平5年733年）には蟲野社と記されています。

この地に悪虫が棲みつき田圃に害を与えたため、大穴貴命（大黒主神）は大変心配して長らくこの地に留まってその害虫を駆除したことに由来するそうです。

この地は虫原と呼ばれていましたが、松江藩の初代藩主松平直政（1601－1666）が出猟の時、虫原は悪名であるとして福原に改めました。

虫野神社

虫除稲荷神社

奥羽本線新庄駅の北、山形県新庄市万場町にある中山町公民館の隣りに小さな虫除(むしよけ)稲荷神社があります。

寛永2年（1625年）に初代新庄藩主戸澤政盛（1585－1648）が奉祀し、近隣町内の鎮守の神社としたものを明治時代初期、町内の有志が中山町内に奉遷しました。

農作物の害虫を退治し、子供の「カン」の虫を鎮め、若い娘に付く虫を追い払ってくれる霊験あらたかな神様といわれています。

虫除稲荷神社

コラム　虫送り、実盛送り

　虫送りは、江戸時代から行われている主に稲作害虫の防除を目的とした集団的な呪術的行事です。

　いろいろなパターンがありますが夜間、松明をかざして鉦や太鼓、笛を鳴らし虫除けの囃し詞を唱えながら農道を歩き最後に藁人形、松明などを村境で燃やしたり川などに流したりすることが多いようです。

　害虫を音で驚かし松明の火に集め村境に誘導して燃やしても、主に稲を加害するのはガやウンカなどの飛べない幼虫なので防除効果はあまり期待できず、宗教的な行事、村人のレクリエーションの意味合いもあったようです。

　江戸時代から戦前までは多くの農村で虫送りが行われていましたが農村人口の減少や有力な農薬の登場などで激減しました。

　石川県松任市（現在の白山市）の調査報告では平成8年（1996年）には青森県から鹿児島県まで全国で211市町村、316ヶ所で虫送りが行われている（一部以前行われていた）とあります。最近は、村おこし、観光資源として復活した所もあるようです。

　虫送りは東北から九州地方まで全国各地で行われていましたが、西日本ではウンカのことを実盛虫と呼び、虫送りは「実盛送り」とも呼ばれています。

　「平家物語」にも登場する斎藤実盛（1111－1183）は、寿永2年（1183年）篠原の戦い（現在の石川県加賀市）で源義仲の武将手塚光盛に敗れます。72歳の高齢者、白髪を黒く染めて出陣しました。その際、稲株に躓いて落馬、討ち取られたので斎藤実盛が稲を憎み、稲の害虫となったので、その怨霊を祓うことに由来したと言われています。

　福岡県久留米市田主丸では現在でも3年に一度、「虫追い祭」があり斎藤実盛と手塚光盛の人形が戦う場面が見せ場になっています。

田主丸の虫追い祭り
（右の人形が斎藤実盛）

虫川

上越新幹線、大糸線糸魚川駅の北、姫川支流の虫川沿いの新潟県糸魚川市大谷内に**虫川関所跡**があります。

天正2年（1574年）以前に糸魚川と信濃を結ぶ千国街道（塩の道）西通りに設置された関所で、夏の間は山中に虫が多いため、夜中の通行が認められていました。

この地域は人や馬から吸血するイヨシロオビアブ（ウリル、ウルル、オロロ）が特に多かったようです。イヨシロオビアブは山間部の渓流沿いに棲息しており、このことから虫川と呼んだという説があります。

虫川関所跡

北越急行ほくほく線虫川大杉駅の東に新潟県上越市浦川原区**虫川**があります。白山神社の樹齢1200年のご神木「虫川大スギ」が有名です。

江戸時代から明治22年（1889年）まで虫川村、その後合併し中保倉村、安塚村、浦川原村、平成17年（2005年）上越市になりました。

虫川は、昔は「虫河」と書き「川に虫が群がり飛ぶ」「虫祭りに関係する」「保倉川に小黒川と細野川が合流する場所にあり、昔は氾濫の被害が多く浸食によって護岸が虫に食われたようになった」などの説があります。

虫川（上越市浦川原区）付近の地図

虫川大杉駅

新潟県上越市**虫川**、長野県下伊那郡天龍村の天竜川系**虫川**、佐賀県武雄市東川澄町永野に**虫川橋**がありますが由来は不明です。

虫沢

　小田急小田原線新松田駅の北、酒匂川水系中津川支流虫沢川沿いの神奈川県足柄上郡松田町寄(やどりき)に**虫沢集落**があります。

　江戸時代から明治9年（1876年）まで虫沢村、その後、寄村、昭和30年（1955年）松田町になりました。

　地元には、虫沢川流域には蝮(マムシ)が多く、蝮は水のきれいな所しかすまないとの言い伝えがあります。またカラムシの多い沢だったとの説もあります。

虫沢川

　虫の付く地名や神社には、蛇由来もあります。愛知県豊田市西荻平町**間虫坂**、島根県出雲市斐川町併川の**立虫神社**、神奈川県藤沢市大鋸にある諏訪神社の境内社、**長虫神社**は蛇が由来のようです。

虫崎

　七尾線七尾駅の南東、富山湾西岸に石川県七尾市庵町**虫崎町**があります。

　江戸時代、虫崎は庵村の枝村でした。江戸時代から明治22年（1889年）まで庵村でしたが、その後合併し北大呑村、昭和29年（1954年）七尾市になりました。

　ムカデに似た大蛇ぐらいの毒虫が棲んでいたという伝説があり、地名の由来となりました。

虫崎（七尾市）バス停

　新潟県の佐渡島北部の東海岸にも佐渡市**虫崎**がありますが、地名の由来は不明です。

虫喰岩

　紀勢本線古座駅の北、和歌山県東牟婁郡古座川町池野山に**虫喰岩**があります。

　国指定の天然記念物で流紋岩質火砕岩が風雨などによって浸食されて、虫が喰ったような無数の穴が刻まれていることに由来しています。

虫喰岩

岩の下に祠（観音堂）があり、穴の開いた小石を供え願掛けすると耳の病気が治るとの言い伝えがあるそうです。

岐阜県下呂市馬瀬惣島、埼玉県富士見市上南畑、和歌山県有田市初島町浜に**虫食**がありますが由来は不明です。岡山県玉野市田井の**虫倉岩**は虫食い跡のような形状の岩が由来のようです。

虫ヶ峰

のと鉄道七尾線能登中島駅の北西、石川県七尾市中島町に虫ヶ峰（296m）があります。

一帯には虫ヶ峰風力発電所があり大きな風車が回っています。

頂上に虫ヶ峰観音堂があり、江戸時代には牛ヶ峰観音堂と呼ばれていたことから「牛」が「虫」に転訛したとの説があります。また無志ヶ峰とも書かれたこともあったようです。

虫ヶ峰観音堂

悪虫

八戸線長苗代駅の東、青森県八戸市長苗代町に八戸線と八戸臨海鉄道の悪虫道踏切があります。

南北朝時代（14世紀後半）に八戸悪虫郷の地名がみられ、領主の藤原行親は別名を「悪虫行親」と名乗っていました。

「悪」は強いという意味があるそうです。悪虫という地名と人名のどちらが先だったかは不明です。

悪虫道踏切

栗虫

富山地方鉄道本線愛本駅の北に富山県黒部市宇奈月町栗虫があります。西には黒部川が流れています。

江戸時代から明治22年（1889年）まで栗虫村でした。その後合併し愛本村、宇奈月町、平成18年（2006年）黒部市となりました。

江戸時代に栗蟲屋吉右衛門が開墾した地に因むと言われています。

けんむし坂

　西武秩父線横瀬駅の南東、埼玉県秩父郡横瀬町に「けんむし坂」があります。生川沿いの数百mの緩い坂道です。

　天正18年（1590年）根古屋城の城代、渡辺監持のもとへ来た使者がこの坂で三貫目（約10kg）の大きな毛虫に出会いました。

　使者は馬上から一鞭でこの毛虫を打ち払ったので土地の人はこの坂を「けんむし（毛虫）坂」と呼ぶようになったとのことです。もともとは渡辺監持が住んでいたので「監持坂」だったのですが、いつしか「けんむし坂」に変化し毛虫伝説が生まれたようです。

けんむし坂

物生山

　近江鉄道本線フジテック駅の西、滋賀県彦根市宮田町に**物生山**集落があります。

　慶長年間（1596～1615年）は虫山村、寛永年間（1624～1644年）から明治8年（1875年）まで物生山村でした。その後合併し宮田村、鳥居本村、昭和27年（1952年）彦根市となりました。虫山村の由来、物生山への改名の理由は不明ですが「虫」の字を嫌がった可能性があります。

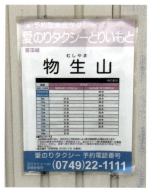
物生山バス停

　京都府綾部市五津合町の**睦志**は、天文年間（1532～1555年）に虫村、むし村があり、江戸時代から明治7年（1874年）までは睦志村でした。虫村の由来は不明です。

　兵庫県三木市吉川町新田の**武士山**は、虫山新田と言われていましたが改名し、江戸時代から明治16年（1883年）まで武士山新田村でした。虫山の由来は虫送りに因みますが、虫を嫌って武士の字に改めたと言われています。

　「虫」は、当て字として使われ地名になる場合も多いのですが、「虫」の字を好ましくないと考える人もいたようです。

表1―その他（本文に記載のない）昆虫地名

分類	昆虫地名
蝶	蝶ヶ丘（北海道当麻町）　胡蝶岩橋（北海道上川町）　蝶々久保（茨城県石岡市） 玉蝶山（山梨県大月市）　大蝶・女蝶（富山県朝日町）　蝶々洞（岐阜県恵那市） 蝶々地（和歌山県高野町）　蝶ヶ崎（長崎市）　黒蝶坂（長崎県対馬市）
蛾	諏蛾守越（大分県九重町）
蚕	蚕沢（福島県郡山市）
蛍	蛍雪沢川（北海道美幌町）　蛍沢（青森市）　蛍水（山形県大江町） 蛍塚山（群馬県片品村）　ほたる野（千葉県木更津市）　蛍場（新潟県上越市） 蛍ヶ脇（愛知県大府市）　蛍湖（高知県宿毛市）　蛍目（熊本県天草市）
蜻蛉	蜻浦（熊本県和水町）　蜻山（熊本県荒尾市）
螻	螻鼻（三重県伊賀市）　螻原（鹿児島県知覧町）
蝉	蝉河原（青森県八戸市）　蝉峠山（福島県西会津町）　蝉倉山（福島県只見町） 蝉山、蝉ヶ峠（福島県下郷町）　蝉狩野山（福島市）　蝉ヶ森（秋田県大仙市） 小蝉（山形県金山町）　蝉ヶ平（新潟県阿賀町）　蝉田（富山県滑川市） 蝉川（愛知県豊橋市）　蝉屋（愛知県犬山市）　蝉ヶ岳（岐阜県郡上市） 蝉ヶ垣内町（京都市）　蝉の尾（宮崎県椎葉村）　高蝉（宮崎市）
蜂	大蜂川（青森県弘前市）　蜂ヶ崎（青森県三戸町）　蜂ヶ塚（岩手県軽米町） 蜂谷前（宮城県東松島市）　蜂倉山（宮城県大和町）　蜂ヶ森（宮城県大崎市） 蜂田（宮城県柴田町）　蜂谷森（宮城県美里町）　蜂作（福島県楢葉町） 蜂屋敷（福島県猪苗代町）　蜂川原（福島県郡山市）　蜂笛（秋田県横手市） 蜂谷戸（群馬県東吾妻町）　蜂島（群馬県渋川市）　蜂内（茨城県常陸太田市） 蜂カス（栃木県日光市）　蜂ヶ端（富山県高岡市）　青蜂山（富山県砺波市） 蜂防（福井県永平寺町）　蜂淵（長野県王滝村）　赤蜂（長野県上田市） 蜂野（静岡県松崎町）　蜂クゴ（愛知県設楽町）　平蜂ノ坪町（愛知県稲沢市） 蜂嶺（愛知県豊田市）　蜂ヶ池（愛知県みよし市）　蜂焼（岐阜県垂井町） 蜂ヶ迫（京都府南丹市）　蜂谷（兵庫県佐用町）　蜂山（和歌山県御坊市） 蜂カミ谷（鳥取県伯耆町）　蜂郷（広島県三次市）　蜂原（広島県庄原市） 蜂ヶ峯（山口県和木町）　蜂ヶ浦（香川県さぬき市）　蜂畑（長崎県五島市） 蜂本・大蜂池・蜂ノ坂（長崎県佐世保市）　蜂ノ久保（長崎県南島原市） 蜂巣鼻（長崎県対馬市）　蜂水（長崎県五島市）　蜂の島（鹿児島県長島町）

分類	昆　虫　地　名
蟻	蟻子（青森県八戸市）　蟻巣山（岩手県湯田町）　新蟻塚（福島県郡山市） 蟻塚山（福島県喜多方市）　赤蟻（福島県南会津町）　蟻台（秋田県能代市） 蟻山（秋田県由利本荘市）　蟻沢（秋田県上阿仁村）　蟻喰（山形県真室川町） 蟻ヶ浦（福井県あらわ市）　蟻窪（長野県小海町）　蟻路（愛知県安城市） 蟻ヶ谷（三重県いなべ市）　蟻ヶ野（岐阜県郡上市）　蟻畑（滋賀県野洲市） 蟻が池（京都市）　蟻合谷（和歌山県田辺市）　蟻ノ越（和歌山県田辺市） 蟻ヶ峠（岡山県総社市）　蟻峰山（岡山市）　蟻ヶ平山（広島県竹原市） 蟻崎（高知県土佐市水市）　蟻縊（熊本県阿蘇市）
蚊	夜蚊平（岩手県滝沢市）　夜蚊鳥屋山（山形県小国町）　蚊塚（岐阜県安八町） 蚊谷戸・蚊原（静岡県富士宮市）　蚊帳場（北名古屋市）　下八蚊（宮崎市）
虻	虻崎（山形県鶴岡市）　虻の宮、虻坂山、沢（福島県南会津町） 虻沢（福島県浅川町）　虻木（福島県広野町）　虻塚（栃木県那須烏山市） 虻篭（群馬県長野原町）　虻野（三重県松坂市）　虻谷川（三重県亀山市） 虻山・虻崎（香川県土庄町）　虻谷（宮崎県串間市）
縄	泥縄（福島県川俣町）　蝿ノ渡（熊本県天草市）　牛蝿ヶ谷（鹿児島県霧島市）
虫	虫流（青森県五所川原市）　虫豆（岩手県久慈市）　虫壁（岩手県盛岡市） 虫笠（福島県西郷村）　越虫（福島県鮫川村）　川虫内（福島県須賀川市） 茨虫（山形県川西町）　萩虫（茨城県阿見町）　毛虫（茨城県城里町） 黒虫（群馬県みどり市）　虫浦（千葉県勝浦市）　虫鹿野（福井県おおい町） 赤虫、真虫窪（長野市）　虫原（長野県上田市）　阿能虫（長野県上田市） 虫鹿（愛知県一宮市）　片虫（岐阜県大垣市）　真虫原（岐阜県郡上市） 夏虫（岐阜県高山市）　虫本（京都府与謝野町）　虫蔵（京都府福知山市） 虫田（京都府綾部市）　虫木（島根県安来市）　虫井谷川（鳥取県智頭町） 虫原峠（岡山県新見市）　虫成（愛媛県大洲市）　角虫（福岡県朝倉市） 虫バイ山、崎（長崎県対馬市）　虫秋（大分県日田市）　虫月（大分県佐伯市） 虫屋崎（鹿児島県西ノ表市）

＊本文で紹介できなかった昆虫地名（多くは字、小字）の由来については、ほとんどわかりませんでした。

表2―昆虫地名　当て字と昆虫由来

	当て字		昆虫由来	
蝶	経―	蝶ヶ森	形態―	蝶々深山、蝶ヶ岳
	長―	蝶ヶ野、蝶屋	伝説―	蝶名林、手蝶山
	アイヌ語チエオタ―	蝶多		
蛾	昼―	蛾ヶ岳	形態―	蛾眉橋
	雁皮―	蛾眉野		
	アイヌ語カムイウシ―	蛾虫坂、俄虫		
玉虫	賜主―	玉虫沼	伝説（蛇）―	玉虫野
	人名―	玉虫宮、玉虫寺		
蜻蛉	ドンボ―	蜻蛉池	伝説―	蜻蛉の滝、とんぼ橋
	ドンブ―	蜻蛉橋	形態―	蜻蛉尻、赤とんぼ橋
	とんぼ口―	蜻蛉山		
蟋蟀	行路危―	蟋蟀橋	伝説―	蜋
	神の木―	こほろぎ橋		
	香炉木―	こおろぎ橋		
	口論義―	こおろぎ		
螻	家来―	螻道		
	ケラバ―	螻川内		
鈴虫			生態―	鈴虫壇、鈴虫荘
松虫	人名―	松虫寺、松虫通		
	澗地、耄る―	松虫		
蟷螂	灯籠、棟梁―	大蟷螂町	形態―	蟷螂山町、蟷螂の窟
			生態―	蟷螂峠
			伝説―	かまきり峠
蟬	狭―	蟬沢、蟬の渓谷、蟬堰	形態―	空蟬橋
	山―	蟬	生態―	蟬坂
	攻め―	蟬坂	伝説―	蟬谷、蟬ヶ渕、芽蜩橋
	人名―	蟬丸神社、蟬丸の墓		
蜂	鉢―	蜂城山、蜂伏、蜂ヶ平	形態―	蜂ヶ尻、蜂之巣公園
		蜂久保、蜂の底、蜂屋	伝説―	蜂巣、蜂屋、蜂前寺
		蜂ヶ沢、蜂尻、蜂ヶ島		蜂神社、蜂穴神社
	端―	蜂ヶ沢、蜂ヶ崎		蜂須神社
	八―	蜂ヶ谷、蜂ヶ池、蜂ヶ尻		
		蜂前神社		
	鳩―	蜂巣島		
	蓮―	蜂巣、蜂岡		
	人名―	蜂屋、蜂田神社		

	当て字		昆虫由来	
蟻	有―	蟻ヶ原、蟻尾山 蟻無神社	形態― 生態―	蟻ヶ袋、蟻の首、蜂の尾 蟻の戸渡り、蟻山坂
	槍―	蟻塚長根		蟻坂、蟻腰峠、蟻塚
	阿礼―	蟻ヶ崎	信仰―	蟻乃神、蟻除地蔵堂
	和利―	蟻川		蟻通稲荷神社
			伝説―	蟻通神社、蟻無山 蟻の宮
蚊	萱―	蚊焼、蚊屋、下蚊屋	生態―	蚊無、蚊渕、蚊喰
	火―	蚊野		夜蚊坂
	刈―	蚊野	伝説―	蚊坂、下蚊屋
	峡―	蚊家		
	欠―	蚊谷		
	川―	蚊口浦		
	神―	蚊沼		
	鹿―	鹿ノ足		
	改―	蚊居田		
	家―	大蚊里		
	アイヌ語カパラシララ― 蚊柱			
虻	油―	虻田、虻羅、虻川	伝説―	虻川原、虻川
	鐙―	虻川	生態―	虻峠、虻田
	蛇(アブ)―虻ヶ島、虻ヶ渕			
	アイヌ語アプタベツ―虻田			
蚋			伝説―	蚋橋
蝿	羽間田―	蝿田		
	這―	蝿帽子峠		
虫	カラムシ―	虫明、唐虫、高虫 虫野、虫窪、虫幡 虫所山、大虫、虫取 虫生、虫内	虫送り―	虫送、虫送峠 虫追、虫追塚、虫神 虫塚、虫祭、虫木ノ峠 虫尾
	蒸す―	虫生、浅虫、虫谷 夏虫山	形態― 生態―	虫喰岩、虫倉岩 虫川
	伏す―	穴虫	信仰―	虫除稲荷神社
	雀る―	虫倉山、鳴虫山、虫亀 赤虫	伝説―	虫祭峠、大虫、虫崎 虫野神社
	牛―	虫ヶ峰	蛇―	虫沢、間虫坂、立虫神社
	人名―	悪虫、栗虫		長虫神社

表3—昆虫地名と地形

地形		蝶、蛾	蛍	蟬	蜂
主に山間部	岳	蝶ヶ岳 蛾ヶ岳		蟬ヶ岳	
	山	手蝶山 蝶々深山 玉蝶山	蛍塚山	蟬山 蟬峠山 蟬倉山 蟬狩野山	蜂城山 蜂山 蜂倉山 蜂田山
	森（＝山）	蝶ヶ森		蟬ヶ森	蜂ヶ森
	峰				蜂ヶ峯
	尾根			蟬の尾	
	谷		蛍谷	蟬谷	蜂ヶ谷
	沢		蛍沢	蟬沢	蜂ヶ沢
	台、平、岱			蟬ヶ平	蜂ヶ平
	坂	蛾虫坂 黒蝶坂	蛍坂	蟬坂	蜂ノ坂
主に平野部	林	蝶名林			
	野	蝶ヶ野 蛾眉野	ほたる野		蜂野
	原				蜂原
	岡、丘	蝶ヶ丘	蛍ヶ丘		蜂岡
	沼、池、湖		蛍池 蛍湖		蜂ヶ池 大蜂池
	川、河		蛍川 蛍雪沢川	蟬川 蟬河原	蜂川原 大蜂川
	渕、淵		蛍ヶ渕	蟬ヶ渕	蜂淵
	島（微高地）				蜂ヶ島
	田		蛍田	蟬田	蜂田
	畑				蜂畑
	塚（小山）		蛍塚		蜂ヶ塚
	尻、端				蜂尻 蜂ヶ端
	窪、久保	蝶々久保			蜂久保
主に沿岸部	島				蜂の島 蜂巣島
	崎	蝶ヶ崎			蜂ヶ崎
	鼻				蜂巣鼻
	浦				蜂ヶ浦

	地形	蟻	蚊	虻	虫全般
主に山間部	山	蟻尾山 蟻山 蟻峰山 蟻巣山 蟻塚山	夜蚊鳥山	虻山 虻坂山	鳴虫山 虫倉山 夏虫山 虫所山 虫バイ山
	峰				虫ヶ峰
	尾根	蟻之尾			虫尾
	谷	蟻合谷 蟻ヶ谷	蚊谷	虻谷	虫谷
	沢	蟻沢		虻沢 虻坂沢	虫沢
	峠	蟻ヶ峠 蟻腰峠		虻峠	虫原峠 虫祭峠 虫木ノ峠
	台、平、岱	蟻台	夜蚊平		からむし岱
	坂	蟻山坂 蟻坂	蚊坂 夜蚊坂		けんむし坂 間虫坂
主に平野部	野	蟻ヶ野	蚊野	虻野	虫野
	原	蟻ヶ原	蚊原	虻川原	虫原
	沼、池	蟻が池	蚊沼		
	川、河	蟻川		虻川	虫川
	渕、淵		蚊渕	虻ヶ渕	
	田		蚊居田	虻田	虫田
	畑	蟻畑			
	塚（小山）	蟻塚	蚊塚	虻塚	虫塚
	崎（端）	蟻ヶ崎		虻崎	
	窪、久保	蟻窪			虫窪
	岩				虫喰岩 虫倉岩
主に沿岸部	島	蟻島		虻ヶ島	
	崎	蟻崎		虻崎	虫崎 虫屋崎
	岬		蚊柱岬		
	浦	蟻ヶ浦	蚊口浦		虫浦

表4―明治時代の昆虫地名の村

明治22年(1889年)「市制町村制」施行以前

分類	村名（現在の市町村名）
蝶	蝶多村（池田町） 蝶名林村（三条市） 蝶ヶ野村（南伊豆町）
蛾	俄虫村（厚沢部町）
蚕	蚕養村（猪苗代町）
松虫	松虫村（印西市）
蟷螂	大蟷螂村（名古屋市）
蜂	蜂巣村（大田原市） 蜂ヶ島村（高岡市） 蜂ヶ谷村（静岡市） 蜂須賀村（あま市） 蜂屋村（栗東市）
蟻	蟻ヶ袋村（大崎市） 蟻川村（中之条町） 蟻ヶ原村（中能登町）
蚊	蚊沼村（富岡市） 蚊斗谷村（吉見町） 西蚊爪村（金沢市） 蚊谷寺村（越前町） 蚊野村（玉城町） 上・北蚊野町（愛荘町） 蚊家村（新見市） 蚊屋村（米子市） 下蚊屋村（江府町） 浜蚊居田村（南国市） 蚊口浦村（高鍋町）
虻	下虻川村（潟上市）
虫	浅虫村（青森市） 虫掛村（土浦市） 虫塚村（川島町） 高虫村（蓮田市） 虫幡村（香取市） 虫生村（横芝光町） 虫窪村（大磯町） 虫生岩戸村（上越市） 虫川村（上越市） 虫谷村（立山町） 栗虫村（黒部市） 虫生村（野沢温泉村） 虫生村（磐田市） 虫生村（野洲市） 虫生野村（甲賀市） 虫取村（泉大津市） 虫生村（川西市） 虫生村（豊岡市） 穴虫村（香芝市） 虫所山村（廿日市市） 虫追村（益田市） 虫生津村（遠賀町）

明治22年(1889年)「市制町村制」施行以降

分類	村名（現在の市町村名）
蝶	蝶屋村（白山市）
蚕	蚕養村（会津若松市） 蚕桑村（白鷹町） 蚕飼村（下妻市） 養蚕村（筑西市）
蜂	蚊柱村（乙部町） 蜂尻村（羽島市） 蜂屋村（美濃加茂市） 蚊焼村（長崎市）
虻	虻羅村（せたな町） 虻田町（洞爺湖町）
虫	虫亀村（長岡市） 大虫村（越前市）

■**参考文献**

【蝶】
手塚宗求, 2006. わが高原霧ヶ峰. 山と渓谷社（蝶々深山）
甲佐町史編纂委員会, 2013. 新甲佐町史. 甲佐町（手蝶山）
甲佐町教育委員会, 1996. 甲佐のむかしばなし. 甲佐町（手蝶山）
近田信敬, 2007. 新版信州雪形ウォッチング. 信濃毎日新聞社（蝶ヶ岳）
盛岡の歴史を語る会, 1976. もりおか物語(六). 熊谷印刷出版部（蝶ヶ森）
南伊豆南友会, 2008. 南伊豆の地名・民話・碑. 南伊豆南友会（蝶ヶ野）
NHK北海道本部, 1975. 北海道地名誌. 北海教育評論社（蝶多）
蝶屋村史編纂専門委員会, 2002. 蝶屋の歴史. 美川町（蝶屋）
日本チョウ類保全協会, 2013. フィールドガイド日本のチョウ. 誠文堂新光社

【蛾】
菅原謙二, 1978. 蛾眉橋碑建立記念誌. 蛾眉橋碑建立実行委員会（蛾眉橋）
市川大門町誌刊行会, 1967. 市川大門町誌. 市川大門町（蛾ヶ岳）
佐藤耕次郎, 1950. 山形郷土物語. 山形村郷土研究会（蛾虫坂）
山田秀三, 1984. 北海道の地名. 北海道新聞社（俄虫）

【蚕】
遊佐町史編さん委員会, 1990. 遊佐町史資料第15号. 遊佐町（蚕桑）
松岡末紗, 2006. 衣風土記Ⅲ. 法政大学出版局（白鷹町蚕桑）
東和町史編纂委員会, 1987. 東和町史. 東和町（蚕飼山）
松岡末紗, 2006. 衣風土記Ⅰ. 法政大学出版局（能代市養蚕）
仙道恵二郎, 1988. 羽後町地名風土記. 仙道恵二郎（養蚕）
阿部勇, 2016. 蚕糸王国信州ものがたり. 信濃毎日新聞社（蚕影町）
尾崎行也, 佐々木清司, 2015. 上田古地図帖. しなのき書房（蚕影町）
近江礼子, CROSS T&T 2013.10.「つくば市蚕影神社にみる養蚕信仰」. 総合科学研究機構（蚕影神社）
京都地名研究会, 2010. 京都の地名検証3. 勉誠出版（蚕の社）
高畑棟材, 1936. 山麓通信. 昭森社（上野原市蚕種石）
住まいル新聞, 2014.12.「大月風土記伝説（井上文次郎）」. 日本ステンレス工業㈱（大月市蚕種石）
畑中章宏, 2015. 蚕―絹糸を吐く虫と日本人. 晶文社（町田市蚕種石・絹の道）
荻田豊（西山を守る会）, 2023.「黄色いチラシNo.511」. 荻田印刷（厚木市蚕種石）
水上勉, 1973. 有明物語. 中央公論社（安曇野市天蚕センター）
黒磯市誌編さん委員会, 1975. 黒磯市誌. 黒磯市（天蚕場）
安中市ふるさと学習館, 2007. 養蚕の神々. 安中市ふるさと学習館（コラム蚕神）
清水明, 2024. 蚕寺社データベース. 非公開

【玉虫】
山辺町史編纂委員会, 2004. 山辺町史（上）. 山辺町（玉虫沼）
武田泰造, 1963. 山辺夜話. 山辺郷土史同好会.（玉虫沼）
加世田市史編さん委員会, 1986. 加世田市史下巻. 加世田市（玉虫野）
福富宏和他, 2022. タマムシハンドブック. 文一総合出版

【蛍】
台東区役所文化産業観光部, 2012. 上野・浅草・隅田川歴史散歩. 台東区（蛍坂）
小泉八雲, 1902. 骨董（蛍）. The Macmillan. Co.（New York）（蛍ヶ渕）
埼玉郷土会, 1932. 埼玉史談3（6）. 埼玉郷土会（見沼蛍）
源氏ホタル愛護会, 2018. 源氏ホタルと昭和町. 源氏ホタル愛護会（鎌田川）
上田小県近現代史研究会, 2001. ブックレット8. 上田小県近現代史研究会（塩尻堰）
谷崎松子, 1998. 蘆辺の夢. 中央公論社（垂井町）
松田千晴, 1986. 濃飛見聞録7. 松田千晴（石田川の蛍）
滋賀の文化情報誌Duet142, 2022.「守山市ほたるの森資料館」. サンライズ出版（守山）
基山町史編さん委員会, 2009. 基山町史下巻. 基山町（秋光川）
保科英人, 2022. さやばね第47号「九州帝国大学医学部と蛍養殖研究所」. 日本甲虫学会（秋光川）
塩田町史編さん委員会, 1984. 塩田町史下巻. 塩田町（塩田川）
桜井玉寿, 2001. 豊受探訪. 豊受郷土文化研究会（蛍行橋）
武雄市図書館・歴史資料館, 2007. 近世武雄史談「鍋島茂義とその時代」（塩田川）
熊弘人, 1993. わが町の歴史散歩1. 新波書房（蛍茶屋）
豊中市教育委員会, 2008. とよなか歴史文化財ガイドブック. 豊中市（蛍池）
久留米市史編さん委員会, 1986. 久留米市史第5巻. 久留米市（蛍川）
小西正泰他, 1978. インセクタリュウム15巻「神田左京ホタルに魅せられた男の光跡」.
（コラム神田左京）
遊磨正秀, 後藤好正, 1999. 全国ホタル研究会誌第32号「文化昆虫ホタル～古典の中から」
保科英人, 宮ノ下明大, 高田兼太, 2021.「文化昆虫学」の教科書. 八坂書房
古河義仁, 2011. ホタル学. 丸善出版

【蜻蛉】
高橋操, 1983. 草加市研究第2号「草加の地名」. 草加市（蜻蛉橋）
嵐山町誌編纂委員会, 1968. 嵐山町誌. 嵐山町（蜻蛉橋）
所沢市教育委員会, 1974. 所沢史話. 所沢市（とんぼ橋）
小垣廣次, 1985. 岸和田の土と草と人. 小垣廣次（蜻蛉池）
吉田金彦他, 2013. 京都地名語源辞典. 東京堂出版（蜻蛉尻）
高久高大一郎, 1985. 村の地名考. 須賀川信用金庫（蜻蛉山）

【蟋蟀・螻蛄】
秋田魁新報社出版部, 2007. あきたの昔っこ. 秋田魁新報社（香炉木橋）
豊科町誌編集委員会, 1999. 豊科町誌別編―民俗Ⅱ. 豊科町誌刊行会（蜱）
大野町三丁目自治会, 1984. 市川市大野三丁目栞. 大野三丁目自治会（螻道）
宮本洋一, 2017. 日本姓氏語源辞典. 示現舎（螻川内）
奥山風太郎, 2016. 鳴く虫ハンドブック. 文一総合出版

【鈴虫・松虫】
地元学講座実行委員会, 1995. 宮城野. 新しい杜の都づくり宮城野区協議会（鈴虫壇）
菊池勝之助, 1971. 仙台地名考. 宝文堂（鈴虫荘）
堀田暁生, 2010. 大阪の地名由来辞典. 東京堂出版（松虫通）
池田善朗, 2013. 地形から読む―筑前の古地名・小字. 石風社（松虫）
奥山風太郎, 2016. 鳴く虫ハンドブック. 文一総合出版

【蟷螂】
山田寂雀，1982．中川区の歴史．愛知県郷土資料刊行会（大蟷螂町）
吉田金彦，糸井通浩，綱本逸雄，2013．京都地名語源辞典．東京堂出版（蟷螂山町）
五十嵐秀太郎，1985．小千谷の伝説．恒文社（かまきり坂）

【蟬】
那賀町の民話編集委員会，2014．那賀町の民話．那賀町（蟬谷）
筒井功，2014．東京の地名．河出書房新社（蟬沢）
鷺山史誌編集委員会，1989．岐阜市鷺山史誌．鷺山校下自治会連合会（蟬）
山内和幸，2014．地名由来―飛騨・美濃．まつお出版（蟬）
高岡市万葉のふるさとづくり委員会，1984．大伴家持と越中万葉の世界．雄山閣出版（芽蜩橋）
川上廸彦，2006．米子の民話散歩．今井出版（蟬丸神社）
猪苗代地方研究会，1980．猪苗代の史跡と名勝．猪苗代町（蟬丸の墓）
税所康正，2019．セミハンドブック．文一総合出版

【蜂】
一宮町誌編纂委員会，1967．一宮町誌．一宮町（蜂城山）
二戸市史編纂室，2007．二戸史料叢書「二戸の地名」．二戸市（蜂ヶ平）
福島町，1980．福島町郷土誌．福島町（蜂の底）
飯塚伝太郎，1979．地名の由来．静岡新聞社（蜂ヶ谷）
町田の地名編集委員会，2021．町田の地名南地区．町田地方史研究会（小川蜂谷戸）
羽島市地名物語編集委員会，1996．羽島市地名物語．羽島市（蜂尻）
東海市編さん委員会，1982．東海市史資料編第4巻．東海市（蜂ヶ尻）
神保朔郎，1978．蜂屋の歴史．蜂屋郷土史研究会（蜂屋）
栗東町教育委員会，1980．栗東の民話．栗東町教育委員会（蜂屋）
佐藤秀一，2009．鼎ヶ浦物語．個人出版（蜂ヶ崎）
川崎町教育委員会，1985．川崎町の文化財第6集「史実と伝承Ⅱ」．川崎町（蜂田山）
澤口たまみ，1989．虫のつぶやきが聞こえたよ．白水社（蜂神社）
編集委員会，2007．わが町の文化財探訪．高松市文化財保護協会（蜂穴神社）
北那須郷土史研究会，2014．那須の大字・地名辞典．下野新聞社（蜂巣）
加藤義成，1992．修訂出雲風土記参究．今井書店（蜂巣島）
吉田金彦，2013．京都地名語源辞典．東京堂出版（蜂岡）
徳島県神社庁，2019．改訂徳島県神社誌．徳島県神社庁（蜂須神社）
藤丸篤夫，2023．ハチハンドブック増補改訂版．文一総合出版

【蟻】
鹿島市教育委員会，2009．鹿島の文化財．鹿島市（蟻尾山）
鹿島郡誌編集委員会，1928．鹿島郡誌．鹿島郡（蟻ヶ原）
菊池勝之助，1972．宮城県地名考．宝文堂出版（蟻ヶ袋）
詫間町文化財保護委員会，1979．詫間町の文化財第8集．詫間町（蟻の首）
西沢智考，2007．西山地名考．龍鳳書房（蟻ノ尾）
山本町教育委員会，1990．山本町の地名．山本町（蟻の股）
柿生郷土史料館，2014．柿生文化 第72号．同左（蟻山坂）
鈴木俊男，2002．うご町の地名．書店ミケーネ（蟻坂）
建設省酒田工事事務所，1991．六十里越街道の歴史．同左（蟻腰峠）

丸山彰, 1998. 長篠合戦余話. 長篠城址史跡保存館（蟻塚）
男鹿市教育委員会, 2009. 菅江真澄と男鹿. 男鹿市（蟻塚長根）
大阪府能勢町, 2019. 広報のせNo.673. 能勢町（蟻無神社）
赤穂市教育委員会, 1984. 赤穂の昔話第一集. 赤穂市（蟻無山）
野田の文化財編集員会, 1983. 野田の文化財. 野田町教育委員会（蟻乃神）
地名の由来冊子出版部会, 1990. 地名の由来. 会津若松市教育委員会（蟻通稲荷神社）
寺山守, 2020. アリハンドブック増補改訂版. 文一総合出版

【蚊】
伊藤博敏, 1938. 大村史. 豊橋市教育委員会（大蚊里）
韮崎一三郎, 1969. 埼玉県地名誌. 北辰図書出版（蚊斗谷）
西春町史編集委員会, 1984. 西春町史民俗編2. 西春町（蚊帳場）
徳永職男, 1975. 因伯地名考. 鳥取郷土文化研究会（蚊屋）
江府町史編さん委員会, 1975. 江府町史. 江府町（下蚊屋）
玉城町史編纂委員会, 1995. 玉城町史上巻. 玉城町（蚊野）
泰荘町史編集委員会, 2005. 泰荘の歴史第一巻. 泰荘町（蚊野）
哲多町史編集員会, 2001. 哲多町史民俗編. 哲多町（蚊家）
東郷町文化財保護委員会, 1980. 尾張東郷町の地名考. 東郷町（蚊谷）
宮崎村誌編纂委員会, 1987. 宮崎村誌（別巻）. 宮崎村（蚊谷寺）
本田亀三, 1971. 復刻版群馬県北甘楽郡史. 財団法人仲善会（蚊沼）
綱本逸雄, 2013. 京都盆地の災害地名. 勉誠出版（小野蚊ヶ瀬）
石川正雄, 2006. たかなべの地名の由来. 高鍋町教育委員会（蚊口浦）
安八ニューリゾート検討委員会, 1996. 安八町歴史と地名をたずねて. 安八町（蚊塚）
山田秀三, 1984. 北海道の地名. 北海道新聞社（蚊柱）
大城村教育委員会, 1954. 大城村郷土読本. 大城村教育委員会（蚊田宮）
大衆文学研究会, 1983. 房総の不思議な話珍しい話. 崙書房出版（蚊喰）
安芸津町教育委員会, 1990. あきつ―ふれあいの道. 安芸津町（蚊無）
坂出市史編さん委員会, 1988. 坂出市史―資料編. 坂出市（蚊渕）
東恩納寛, 1950. 南島風土記. 沖縄郷土研究会（蚊坂）
伊地知馨, 1973. 沖縄誌. 国書刊行会（蚊坂）
福島市教育委員会, 1970. 福島市文化財調査報告書第8集. 福島市（夜蚊坂）
酒井董美, 他, 1980. 日本の伝説48「出雲・石見の伝説」. 角川書店（嫁ヶ島）
三條場千寿, 比嘉由紀子, 沢辺京子, 2019. とってもおもしろい蚊の話. 山と渓谷社

【虻・蝿】
昭和町史編さん委員会, 1976. 昭和町史. 昭和町（下, 上虻川）
豊丘史学会, 2013. 豊丘風土記第22集. 長野県豊丘史学会（虻川）
天川村教育委員会, 2001. 天川図鑑. 奈良新聞社（虻峠）
中葉博文, 1999. 北陸地名伝承の研究. 五月書房（虻ガ島）
本田貢, 1999. 北海道地名分類辞典. 北海道新聞社（虻羅）
妙義町教育委員会, 2006. 妙義の地名. 妙義町（虻田）
下仁田町史刊行会, 1971. 下仁田町史. 下仁田町（虻田）
山田秀三, 1997. 北海道の地名. 北海道新聞社（虻田郡）
根尾村, 1980. 根尾村史. 根尾村（蝿帽子峠）
伊東潤, 2014. 義烈千秋―天狗党西へ. 新潮文庫（蝿帽子峠）

【虫】
北嶋廣敏, 2008. 日本人として知っておきたい地名の話. 毎日新聞社（虫明）
髙久田大一郎, 1985. 村の地名考. 須賀川信用金庫（唐虫）
韮崎一三郎, 1969. 埼玉県地名誌. 北辰図書出版（高虫）
五十嵐秀太郎, 1995. 新潟県地名考. 恒文社（虫野）
松村鐵心, 1997. カメラと大磯の地名を行く 松村鐵心（虫窪）
吉田茂樹, 2004. 日本地名大辞典（下）新人物往来社（虫幡）
広島県助藤小学校百周年記念事業推進委員会, 1981. 百年のいしぶみ（虫所山）
永山正, 1989. 土浦町内誌. 土浦市教育委員会（虫掛）
小嶋俊一, 1996. 岩手の山名ものがたり. 熊谷印刷出版部（夏虫山）
塙静夫, 1996. 栃木の地名を探る. 随想舎（鳴虫山）
西沢智孝, 2007. 西山地名考. 龍鳳書房（虫倉山）
大聖寺町史編纂委員会, 2013. 大聖寺町史. 大聖寺町（穴虫）
市川武治, 1988. 佐久地方の地名と語源. 郷土出版社（穴虫）
川上町史編纂委員会, 1991. 川上町史地誌編. 川上町（虫送）
岩代町, 1982. 岩代町史. 岩代町（虫送り）
芸北町, 1976. 八幡村史. 芸北町（虫送峠）
五戸町, 1961. 五戸町誌下巻. 五戸町（虫追塚前）
東奥日報, 1976.8.8. 県南の地名を訪ねて83 虫神（上北郡上北町）.（虫神）
国富町, 2001. 国富町郷土史資料編. 国富町（虫神）
川島町史編纂委員会, 2007. 川島町史通史編上巻. 川島町（虫塚）
鈴木一夫, 2010. 一日市場村再発見. 木村正泰（虫塚橋）
土佐山田史談会, 1983. 土佐山田史談第5号. 土佐山田史談会（虫塚神社）
一宮市教育委員会, 1976. 一宮の民俗. 一宮市（虫祭）
奥原福市, 1973. 八束郡誌本篇. 名著出版（虫野神社）
糸魚川市, 1981. 糸魚川市史5. 糸魚川市（虫川）
浦川原村史編集室, 1984. 浦川原村史. 浦川原村（虫川）
松田町教育委員会, 1988. マツダの地名. 松田町（虫沢）
小原村誌編集委員会, 2005. 小原村誌. 小原村（間虫坂）
中島町史編さん委員会, 1996. 中島町史通史. 中島町（虫ヶ峰）
宇奈月町史編さん委員会, 1969. 宇奈月町史. 宇奈月町（栗虫）
秩父の伝説編集委員会, 2007. 秩父の伝説. 秩父市教育委員会（けんむし坂）

【全般】
柏田雄三, 2016. 虫塚紀行. 創森社
柳田國男, 2015. 地名の研究. 講談社学術文庫
今尾恵介, 2023. 地名散歩. 角川新書
角川日本歴史地名大辞典. 1978-1990. 角川書店
日本歴史地名大系. 1979-2005. 平凡社
吉田茂樹, 2004. 日本古代地名事典. 新人物往来社
楠原祐介, 溝手理太郎, 1983. 地名用語語源辞典. 東京堂出版
学研の図鑑LIVE昆虫新版. 2022. 学研プラス
加納喜光, 2021. 動物の漢字語源辞典. 東京堂出版

国土地理院地図（ページ 9, 11, 15, 31, 42, 54, 59, 61, 70, 72, 76, 93, 96, 101, 108, 115, 120, 123）

あとがき

　今回の調査で、昆虫地名の由来は諸説が多いことがわかりました。
　また表2のように昆虫地名は、昆虫の形態や生態、伝説に由来するものもありますが当て字が多く、表3のように地形に関わるものが多いこともわかりました。諸説については、どれが正しいかを解明するより諸説を丹念に記録しておくことが大切だと思いました。

　昆虫地名が全国に何ヶ所あるかについては不明です。地名全体についても、全国で1千万ヶ所、数千万ヶ所などの説がありますが不明です。
　今回の調査で、昆虫地名（住所名、山川名、寺社名など）ついて、国土地理院地図（1/25,000）に記載のあるもの274ヶ所、角川書店の日本地名大辞典の巻末にある字（小字）一覧に記載のあるものなど合わせて700ヶ所程収集することができました。これ以外に蛍橋と付くもの70ヶ所程、蛍の里・郷・公園が250ヶ所程、蚕の付く神社が970ヶ所程ありました。昆虫地名の主なものは本文で紹介しましたが、それ以外は表1に記載しました。
　国土地理院地図（1/25,000）の地名記載数は40万ヶ所程と言われていますが、その中での昆虫地名は274ヶ所ですので、地名全体に対する比率は0.1％（1/1000）以下と考えられます。

　明治22年（1889年）初頭、全国で71,314ヶ所あった町村は、同年4月の「市制町村制」の施行により大合併が行われ15,859ヶ所（うち市は39ヶ所）に激減しました。その後、昭和31年（1956年）、平成18年（2006年）頃の大合併などでさらに減少し令和6年（2024年）1月1日には、全国の市町村は1,747ヶ所（市792、特別区23、町743、村189）となり明治22年初頭の40分の1程の数になっています。
　表4のように明治22年の「市制町村制」施行前は全国の昆虫地名の村数は50ヶ所、全町村数に対しての比率は0.07％程で多くはありませんでした。その後の合併等により昆虫地名の町村は減少し、現在は全てなくなりました（北海道の虻田は、虻田郡として現在もあります）。

　もともと希少であった昆虫地名は、合併や新しい住所名変更、番地化等によりさらに減少し続けています。地名全般としても○○中央、○○東・西・南・北、○○丘、○○台のような新しい地名が増えています。合理化、時代の流れによる

ものでやむを得ないとは思いますが、昆虫マニアの私にとっては寂しい思いがします。例外として、近年の環境保全の取り組み、蛍のイメージの良さから蛍の付く地名は増加していますが好ましいことと思います。

　昆虫地名は、その地名の由来からその場所が農地化、住宅化、造成される前の地形や歴史を推定できるものもあり貴重な情報、文化遺産でもあります。
　しかし残念なことに昆虫地名の減少ととともに、その由来も風化しつつあります。大字（江戸時代の村）レベルの由来は、各市町村の「村史」や地域の「地名考」などに記載されているものもありますが、字、小字（大字の中の細かい集落や耕地など）レベルとなると文献は少なく由来はほとんど不明です。またそれを知る地元の高齢者も年々減少しています。
　小著「昆虫地名」は、昆虫マニアの昆虫標本とは違うコレクションのようなものかもしれませんが、消えゆく昆虫地名の記録として少しでも役立てば幸いです。

　現地調査、取材、編集等に次の方々からご協力をいただきました。
（順不同、敬称略）
荘利明、日比野進、奥信行、小原秀雄、浅井辰夫、海野礼司、安田誠、竹田年男、中西寛、福田智壮、樗木士郎、北嶋昭、大嶋徳義、畑中雅隆、鈴木良治、相崎俊夫、山川一郎、西原義治、広田光彦、山内富佐雄、水本康明、白鳥吉久、千野義彦、青木宏一郎、清水明、木野田憲久、多々良良夫、横山岳、坂本洋典、後藤好正、保科英人、日本地名研究所、アグロ虫の会、グループ多摩虫、カイコローグ（シルク民俗研究会）の皆様、市町村教育委員会・図書館、地元の観光協会、地元の皆様。
　次の方々からは写真の撮影もしていただきました。（＊は写真番号）
荻野豊（＊1）谷口悌三（＊2）奥富一夫（＊3）神木康浩（＊4.5.6.9.10）折田義久（＊7）加藤宗義（＊8）杉山新次郎（＊11）大森茂（＊12）峰秀人（＊13）斎藤英信（＊14）森克彦（＊15）
　さらに書ききれない大勢の方々の協力があり、私のささやかなライフワークを完成させることができました。心より感謝申し上げます。

築根照英（つくね てるひで）

昭和25年（1950年）北海道夕張市生まれ
都立大泉高校、静岡大学農学部（応用昆虫学）卒業
千葉大学大学院園芸学研究科（応用昆虫学、修士課程）修了
化学会社・造園会社勤務の後退職、樹木医
日本地名研究所会員、アグロ虫の会会員、グループ多摩虫会員

昆虫地名 —当て字と伝説—

2024年9月1日　初版第1刷発行

著　者　築　根　照　英

発　売　今井出版
　　　　〒683-0103 鳥取県米子市富益町8
　　　　TEL 0859-28-5551　FAX 0859-48-2058
　　　　https://www.imaibp.co.jp

印　刷　今井印刷株式会社
製　本　日宝綜合製本株式会社

Ⓒ Tsukune Teruhide 2024 Printed in Japan
ISBN 978-4-86611-400-2

本書のコピー、スキャン、デジタル化等の無断複製は、著作権法上での例外である私的利用を除き禁じられています。本書を代行業者等の第三者に依頼してスキャンやデジタル化することは、たとえ個人や家庭内であっても一切認められておりません。